Ganzheitlich gesund

Serge King

IHR KÖRPER GLAUBT, WAS SIE IHM SAGEN

Serge King

IHR KÖRPER GLAUBT, WAS SIE IHM SAGEN

Das amerikanische Original erschien unter dem Titel
»Imagineering For Heath« bei The Theosophical Publishing House,
Wheaton, III.

Ins Deutsche übersetzt von Annemarie Endeveld.

Titelfoto: »Women Abstract« von Mitchell Funk/
The Image Bank

Die Deutsche Bibliothek – CIP-Einheitsaufnahme

King, Serge:
Ihr Körper glaubt, was Sie ihm sagen / Serge King. [Ins Dt. übers. von
Annemarie Endeveld.] – 5. Aufl. – Bielefeld: Aurum in
J. Kamphausen Verl., 2002
(Ganzheitlich gesund)
Einheitssacht.: Imagineering for heath <dt.>
ISBN 3-89901-317-4
(früher erschienen im Aurum Verlag ISBN 3-591-08317-8)

5. Auflage 2002
ISBN 3-89901-317-4
© 1981 Serge King
© der deutschen Ausgabe Aurum in J. Kamphausen Verlag & Distribution GmbH
Gesamtherstellung: Westermann Druck Zwickau GmbH

Inhalt

Vorwort 7

TEIL I

1 Die Welt entspricht unseren Erwartungen 11
Der Ursprung unserer Anschauungen – Unser Leben als Spiegel
unserer Anschauungen – Ursache aller Probleme sind Gedankenkonflikte – Die Gegenwart zählt – Wir setzen unsere Grenzen
selbst – Ändern Sie Ihre Ansichten und damit Ihre Erfahrungen

2 Imagination als Werkzeug 27
Spontane und willentliche Imagination – Bildhafte und pantomimische Imagination – Multisensorische Imagination

3 Motivation als Werkzeug 37
Energieströme und Botschaften – Emotionen und Spannungen –
Spannung und Entspannung – Unangenehme Empfindungen –
Äußere Faktoren und Emotionen – Macht über unsere Emotio-
nen

4 Konzentration als Werkzeug 53
Was die Konzentration erschwert – Veränderte Bewußtseinszustände – Der Informationsfluß – Der Reproduktionseffekt

5 Suggestive Affirmation als Werkzeug 63
Verbale Affirmation – Affirmative Haltung

6 Eine kurze Rundreise durch den menschlichen Geist .. 71
Das Kreative Selbst – Das Bestimmende Selbst – Das Aktive
Selbst

TEIL II

7 Der Körper als Spiegel 83
Die Grenzen der Psychosomatik – Die Überlebensstrategie –
Somographie und Krankheit – Die Rechts/Links-Teilung – Was
wir nicht aus den Augen verlieren sollten

8 Region I – Das Kommunikationszentrum 95
Der Kopf – Das Gesicht – Die Augen – Die Ohren – Der Mund –
Die Nase – Der Hals – Der Nacken – Die Schultern – Die Arme –
Die Hände

9 Region II – Das Identitätszentrum 113
Die Brust – Die Brüste – Die Lunge – Herz und Blutkreislauf –
Die obere Rückenpartie – Das Zwerchfell

10 Region III – Das Sicherheitszentrum 121
Der Magen – Nahrung – Die Gallenblase – Der Darm – Die Leber
– Nieren und Blase – Bauchspeicheldrüse und Milz – Die untere
Rückenpartie – Die Geschlechtsorgane

11 Region IV – Das Entwicklungszentrum 131
Die Oberschenkel – Die Knie – Die Unterschenkel – Die Fußgelenke – Die Füße

TEIL III – TECHNIKEN

12 Gedankentherapie 141
Konfliktlösung – Neuinterpretation – Entschlossenheit – Verzeihen – Inspiration durch Lesen – Unmittelbare Umprogrammie-
rung

13 Visuelle Therapie 151
Unmittelbare Substitution durch bildhafte Vorstellungen – Symbolische Handlung – Traumänderung – Der innere Garten – Die
beiden Kreise – Die herabsteigende Sonne – Farbimagination –
Heilende Engel

14 Verbale Therapie 163
Direkter Befehl – Autosuggestion – Reime und »Umfunktionie-
ren« von Liedern – Der Fünf-Minuten-Fokus – Klangwiederholung

15 Emotivationstherapie 171
Therapeutische Berührung – Meridianmassage – Konzentration
auf den Schmerz – Aktivierung

16 Kooperatives Heilen 179
Wir brauchen Helfer – »Zusammenarbeit« mit Ernährung, Medikamenten, Körperübungen und so weiter – Zusammenarbeit mit
Ärzten – Zusammenarbeit mit psychischen Heilern – Zusammenarbeit mit einem Freund – Gründung einer Selbsthilfegruppe –
Organisation der Selbsthilfegruppe – Aktivitäten bei Gruppen-
treffen – Sonstige Aktivitäten

Vorwort

Dieses Buch soll Ihnen zeigen, wie Sie mit eigenen spirituellen, mentalen und emotionalen Mitteln Gesundheit erreichen können. Ich spreche von »Aufbauen«, denn es ist tatsächlich ein Prozeß geistigen Aufbauens. Im Grunde genommen sind dem, was wir auf diese Weise bewirken können, keine Grenzen gesetzt, doch wir wollen uns hier auf den Prozeß des Heilens konzentrieren.

Was Sie lesen werden, ist eine Art Destillat aus dreißig Jahren, die ich der Erforschung des Wesens menschlichen Geistes und menschlicher Emotionen gewidmet habe. Als Student der Metaphysik, Paraphysiker, Amateuranthropologe, Sozialingenieur, Unternehmensberater, psychologisch geschulter kirchlicher Berater und Psychologe hatte ich einzigartige Gelegenheit, die positiven wie negativen Auswirkungen menschlichen Denkens zu beobachten. Im Laufe dieser Jahre kam ich zu der absoluten Überzeugung, daß wir selbst Schöpfer unserer Lebenserfahrung und ausschließlich Opfer unserer selbst sind, und daß es in unserer Macht liegt, diese unsere Erfahrung in nahezu jeder beliebigen Art und Weise zu ändern.

Das hervorstechendste Beispiel dieses Vermögens ist unser eigener Gesundheitszustand. Während der sieben Jahre, die ich in Afrika verbrachte, hatte ich hin und wieder mit verschiedenen »Medizinmännern« zu tun und war Zeuge von zahlreichen Heilungen, die die meisten Amerikaner wohl als Wunderheilungen bezeichnen würden. In meinem eigenen Land habe ich in Gesellschaft von spirituellen und psychischen Heilern dieselbe Art von »Wundern« erlebt. Ich habe Gebrauch gemacht von dem, was ich hierbei lernte, und auch selbst ziemlich Bemerkenswertes zustande gebracht. Überdies ist mir während meines Psychologiestudiums mehr und mehr klar geworden, daß die Fähigkeit des Heilens nicht einigen wenigen, besonders ausgebildeten Fachleuten oder »außergewöhnlichen« Menschen vorbehalten, sondern vielmehr eine natürliche, schöpferische Fähigkeit ist, die jedes menschliche Wesen besitzt. Wir schaffen unsere Krankheit wie auch unsere Gesundheit selbst, und letzten Endes können auch nur wir selbst uns heilen. Was die

Menschen von dieser Erkenntnis trennt, sind ganz einfach ihre Überzeugungen in bezug auf das Wesen von Krankheit und Heilen.

Und so will ich denn zu Beginn meines Buches darlegen, was Vorstellungen und Überzeugungen sind, und wie sie unsere Erfahrungen bestimmen. Dann möchte ich Sie bekanntmachen mit verschiedenen Fähigkeiten und Eigenschaften des menschlichen Geistes, die Ihnen vielleicht noch nicht ganz deutlich sind. In Teil II soll besprochen werden, wie wir auf mannigfaltige Weise Krankheit verursachen, und in Teil III will ich Ihnen zeigen, wie Sie beginnen können, Ihre Gesundheit aufzubauen.

Ich gebe offen zu: Dies ist ein Buch voll unorthodoxer Gedanken. Es kann sehr wohl sein, daß sich die orthodoxe Schulmedizin über einige davon ereifern wird. Doch es ist ein ehrliches Buch. Jede der darin vorgebrachten Ideen ist bereits mit Erfolg in die Praxis umgesetzt worden. Mein Ziel ist, die Macht zu heilen in die Hände zurückzulegen, in die sie gehört – in *ihre eigenen*. Ich plädiere keineswegs dafür, unser gegenwärtiges Gesundheitswesen völlig umzuwerfen, das unendlich viel wertvolle Arbeit leisten kann und dies auch tut. Doch hätte ich nichts gegen eine kleine Revolution, die die Dinge wieder in die richtige Perspektive rücken würde. Dies ist ein Buch über Sie und für Sie. Lesen Sie es. Setzen Sie es um. Werden Sie gesund.

TEIL I

KAPITEL 1

Die Welt entspricht unseren Erwartungen

Ideen regieren die Welt. Wir haben es jedoch mit zwei verschiedenen Kategorien von Ideen zu tun, die die Welt regieren – mit Gegebenheiten und mit Anschauungen. Und jede dieser Kategorien hat ihre eigene Art zu wirken. Eine Gegebenheit, wie ich sie definiere, wirkt sich auf jedes menschliche Wesen auf der Erde aus, unabhängig von Rasse, Glaube, Kultur oder Ort. Es gibt relativ wenige Gegebenheiten. Das Leben ist eine Gegebenheit. Gegeben sind auch Geburt und Tod, Schwerkraft und Elektromagnetismus; gegeben sind die Erde und die Sonne, Luft, Hitze, Kälte und so weiter. Gegebenheiten *sind*. Sie selbst und ihre Auswirkungen berühren jeden. Und man kann sie praktisch nicht verändern. Man kann Gegebenheiten eliminieren (wie die Menschen den Dodo eliminiert haben) und man kann sie verwenden (um Kühlschränke herzustellen oder elektrisches Licht zu erzeugen), doch die Gegebenheiten selbst sind unveränderlich.

Um die Sache so deutlich wie möglich zu machen, möchte ich erläutern, daß für mich die Kategorie der Gegebenheiten sowohl Materielles als auch Ideelles umfaßt. Wenn man den Dodo, die Dinosaurier und die Wandertaube als Gegebenheiten annimmt, so ist deutlich, daß diese »Gegebenheiten« aufgehört haben zu existieren. Die Tatsache, daß sie irgendwann in vergangenen Zeiten existiert haben, ist unveränderlich, doch durch ihre Ausrottung sind sie als Gegebenheiten aus unserer gegenwärtigen Realität eliminiert. Wenn wir eine Gegebenheit definieren als »das, was ist«, dann ist der Dodo keine Gegebenheit, denn er ist nicht mehr. Das, was ist, im Falle des armen Dodo, ist der Bericht über den Vogel. Der Bericht ist eine Gegebenheit, nicht der Vogel. Aus diesem Grunde sage ich, daß Gegebenheiten wohl eliminiert oder verwendet, nicht aber verändert werden können.

Die umfangreichste Kategorie von Ideen, die unser Leben beeinflussen, sind unsere Anschauungen, die ich in diesem Buch mit Glaubenssätzen gleichstellen will. Anschauungen sind

Vorstellungen von Gegebenheiten, und sie betreffen nur einen Teil der Menschheit und auch diesen nur zeitweise. Dennoch kommt ihnen große Macht zu, denn unsere Anschauungen über das Leben sind ausschlaggebend dafür, wie wir uns fühlen, was wir tun, wie sich unsere zwischenmenschlichen Beziehungen und all unsere sonstigen persönlichen Erfahrungen gestalten. Anschauungen unterscheiden sich insofern deutlich von den Gegebenheiten, als sie veränderbar sind. Wandeln sich unsere Anschauungen, so wandelt sich mit ihnen unsere Erfahrung der Gegebenheiten.

Viele Menschen geraten dadurch in Schwierigkeiten, daß sie dazu neigen, ihre Anschauungen mit den Gegebenheiten zu verwechseln. Mit anderen Worten, sie behandeln ihre Anschauungen als Gegebenheiten ihres Lebens, anstatt sie als Vorstellungen von diesen Gegebenheiten zu sehen. Hier einige typische Beispiele von Anschauungen, die manche Leute als unabänderliche Gegebenheiten bezeichnen:

»Das Leben ist ein Kampf.«

»Erfolg ist Glückssache.«

»Was auch geschehen mag, es ist Schicksal.«

»Ich bin machtlos gegenüber den Kräften, die mich umgeben.«

»Ich bin unfähig und wertlos.«

»Die Welt ist ein Ort der Liebe und der Anregung.«

»Ich kann handeln wie immer mir der Sinn steht.«

»Unsere Erfahrungen sind berechenbar (oder unberechenbar).«

Um zu verdeutlichen, was ich sagen möchte, schäle ich aus diesen Anschauungen heraus, was tatsächlich gegeben ist:

»Das Leben ist.«

»Erfolg ist.«

»Was immer geschehen mag, ist.«

»Ich bin.«

»Die Welt ist.«

»Ich kann handeln.«

»Unsere Erfahrungen sind.«

Soviel ist gegeben. *Alles, was wir hinzufügen, ist Sache der Anschauung.* Wie wir sehen, können Anschauungen sowohl positiv als auch negativ sein. Ausschlaggebend ist, daß sie in jedem Fall unsere Erfahrungen bestimmen. Unsere Anschauungen über das Leben sind vergleichbar mit einer Spezialbrille mit Filterwirkung, durch die wir die Welt betrachten. Diese Brille ist so speziell, daß wir die Dinge nur auf eine ganz bestimmte Art sehen können. Mit dieser »Anschauungsbrille« ist alles, was unser Filter nicht durchläßt, von unserer Erkenntnis ausgeschlossen, und so scheint das Leben unseren festliegenden Anschauungen zu entsprechen. Anstatt frei und ungehindert auf das zu reagieren, was ist, reagieren wir auf das, was unsere Anschauungen uns weismachen. Wirkt sich dies in Ihrem Fall zu Ihrem Vorteil aus, macht es Sie gesünder, glücklicher, stärker, erfolgreicher, dann ist es hervorragend. Doch betrachten Sie sich selbst und die Menschen um Sie herum, so erkennen Sie vielleicht, daß Ihre Brille – das heißt Ihre Anschauungen – nur allzuoft gegen Sie arbeiten. Verzweifeln Sie nicht daran. Anschauungen sind nichts Festliegendes. Sie haben die Ihrigen (auf einer bestimmten Bewußtseinsebene) gewählt und Sie sind nicht gezwungen, an ihnen festzuhalten, wenn Sie es nicht wollen.

Der Ursprung unserer Anschauungen

Sie fragen sich nun vielleicht: »Wenn meine Überzeugungen in bezug auf das Leben einfach nur Anschauungen sind, wie bin ich dann überhaupt zu diesen Anschauungen gekommen?« Nun, ich will es Ihnen sagen.

Von dem Augenblick an, in dem Sie den Mutterleib verließen, erfuhren Sie das Leben uneingeschränkt und versuchten zu verstehen, was um Sie herum vorging. Als Baby ist man nicht einfach ein Stück zappelnden menschlichen Fleisches. Man erkennt viel mehr und reagiert in viel stärkerem Maße auf seine Umwelt als die meisten Leute annehmen. Kürzlich las ich in einem Artikel, daß das Neugeborene bereits nach sechzig Sekunden imstande ist, den Gesichtsausdruck von Erwachsenen zu imitieren und auf ihn anzusprechen. Dieses Reagieren wird begleitet von den ersten Versuchen, die Erfahrungen zu interpretieren. Wächst es heran, so muß das Kind versuchen, aus dieser neuen Welt klug zu werden. Und so wählt es oder entscheidet, was seine Erfahrungen zu bedeuten haben. Hat es versuchsweise ein Urteil gefällt, so sucht es automatisch in seiner Umgebung nach der Bestätigung, daß es einen Sinn ergibt, daß es »korrekt« ist.

Eltern sind sehr hilfreich in dieser Beziehung. Das Kind beobachtet ihre Reaktion auf verschiedene Ereignisse, hört ihre Worte, nimmt auf, was sie ihm telepathisch übermitteln und verwendet diese Daten, um seine Entscheidungen zu treffen und zu bestätigen. Manches von dem, was die Eltern tun, sagen und denken, wird übernommen, anderes verworfen. Ein zur Zeit laufendes psychologisches Forschungsprojekt befaßt sich mit Kindern, die als »unverletzlich« bezeichnet werden. Es handelt sich ganz einfach um solche Kinder, die in Haushalten mit chaotischen, schizophrenen, neurotischen und/oder psychopathischen Eltern und Geschwistern aufwachsen und dabei anscheinend unberührt bleiben vom Denken und Verhalten der restlichen Familie. Sie sind weder genetisch noch in anderer Hinsicht den Kindern überlegen, die diesen Einflüssen wohl unterliegen. Sie haben nur in bezug auf das Leben und sich selbst anders geurteilt und entschieden. Sie sehen, Sie waren nicht einfach ein hilflos ausgeliefertes unbeschriebenes Blatt, auf das Ihre Eltern ihre sämtlichen Meinungen schreiben konnten. Sie trafen von Anfang an Ihre Wahl. Wird das Kind ein bißchen älter, so beobachtet und hört es Verwandte, Spielkameraden und Autoritätspersonen und es fährt fort, für sich selbst zu urteilen und zu entscheiden. Schon die Tatsache, daß Kinder aus ein und derselben Familie zu so verschiedenen Persönlichkeiten heranwachsen, zeigt, daß die Entscheidungen individuell getroffen wurden.

Haben wir einmal beschlossen, daß eine bestimmte Interpretation einer Erfahrung, für die wir uns entschieden haben, richtig ist, so haben wir damit eine Anschauung ins Leben gerufen. Von diesem Augenblick an werden wir dazu tendieren, alle vergleichbaren Erfahrungen durch dieselbe Anschauung zu filtern, wobei wir dann nur den Anteilen dieser Erfahrungen Beachtung schenken, die unser Urteil bestätigen, während wir den Rest ignorieren. Die meisten großen Entscheidungen in bezug auf das Leben werden in der Kindheit getroffen und wirken in unserem Erwachsenendasein als Leitlinien fort, es sei denn wir ändern sie.

Sehen wir uns zwei kleine Kinder an, die einen Eimer Wasser und Erde ins Haus geschleppt haben und damit auf dem Eßtisch Kuchen backen. Ihre Mutter kommt herein und ist entsetzt. Sie tobt und schimpft, sagt ihnen, sie seien böse und gibt ihnen eine ordentliche Tracht Prügel. Das ist dann die Erfahrung im Rohzustand. Doch nun entscheidet sich eines der Kinder dafür, sich auf den Gedanken zu konzentrieren, daß es böse ist, daß es seine Mutter irgendwie verletzt hat, und daß es sehr dumm sein muß, wenn es nicht erkannt hat, daß es etwas Unrechtes tat. Dies bestätigt dann, was es früher bereits versuchsweise beurteilt und entschieden hat, nämlich daß die Umwelt unberechenbar und es selbst ziemlich unfähig ist, mit ihr zurechtzukommen. Das zweite Kind dagegen entscheidet, sich auf den Gedanken zu konzentrieren, daß Eltern keinen Schmutz mögen, daß es Gefahr läuft, Prügel zu beziehen, wenn es Dinge tut, die ihnen nicht gefallen, und daß es eine Menge anderer Plätze gibt, wo man Matschkuchen backen kann. Dies bestätigt dann, was es bei früheren Gelegenheiten versuchsweise entschieden hatte, nämlich daß die Umwelt unberechenbar und es selbst durchaus imstande ist, sich mit ihr auseinanderzusetzen. So entstehen aus ein und derselben Erfahrung durch zwei verschiedene Filtersätze ganz individuelle und verschiedene Leitlinien.

Sie selbst sind der Ursprung Ihrer Erfahrungen, denn Ihre Beurteilung des Lebens färbt Ihre Gedanken, Ihre Imagination, Ihre Emotionen und Ihre Handlungen. Und all dies wirkt wie ein Magnet auf damit assoziierte Ereignisse, Umstände und Menschen, die Sie anziehen und von denen Sie angezogen werden. Es wimmelt von Leben draußen in der Welt. Welchen Teil davon Sie erfahren, hängt von Ihren Anschauungen ab.

Unser Leben als Spiegel unserer Anschauungen

Mit dem Verstand zu erfassen, daß unsere Erfahrungen ihren Ursprung in uns selbst haben, ist eine Sache. Eine ganz andere aber ist es, sein Leben unter die Lupe zu nehmen und sich zu sagen: »O je, schau dir an, was du da angerichtet hast!« Dieser Gedanke ist ziemlich schwer zu akzeptieren, besonders in einer

Gesellschaft, die zu der Ansicht neigt, daß das Leben etwas ist, was uns geschieht. Doch die Menschen, die Erfolg im Leben haben, sind diejenigen, die wohl bereit sind, zu akzeptieren, daß – umgekehrt – unser Erleben von uns ausgeht, anstatt uns auferlegt zu werden.

Bevor wir beginnen können, uns für bessere Anschauungen zu entscheiden, müssen wir erkennen, welche unserer jetzigen versagt haben. Eine Möglichkeit besteht darin, unsere gegenwärtigen Erfahrungen genau anzusehen und zu erkennen, daß alles, was sie kennzeichnet, sei es nun wünschenswert oder nicht, Folge unseres eigenen Denkens ist. Der augenblickliche Stand unseres Lebens verrät rückhaltlos den Stand unserer Überzeugungen. Was haben sich darüber schon viele Leute mit mir herumgestritten! Sie beharrten darauf, daß ihre Lebensanschauungen überaus rein und positiv wären, während ihre Erfahrungen einem Trümmerhaufen glichen. Erst als sie ihre Furcht überwinden und ihre Geistesverfassung wirklich ansehen konnten, war es uns möglich, Fortschritte zu erzielen und ihre Erfahrungen zu wandeln. Es führt kein Weg daran vorbei: Leben Sie in Armut, so haben Sie Ansichten, die Sie davon abhalten, zu Geld zu kommen; haben Sie eine schwache Gesundheit, so haben Sie Ansichten, die Sie daran hindern, gesund zu werden; kommen Sie nicht mit Menschen zurecht, so haben Sie Ansichten, die das unmöglich machen. Der Inhalt Ihres Lebens spiegelt den Inhalt Ihres Geistes wider.

Ihr Leben ist der Spiegel Ihrer Überzeugungen in bezug auf das Leben, doch zeigt Ihnen die Betrachtung Ihres Lebens nur, in welchen Lebensbereichen Ihre Überzeugungen nicht in Ihrem Interesse wirken. Sie erhalten keine genaue Auskunft darüber, worin diese Überzeugungen bestehen. Das erfordert etwas eingehendere Selbstprüfung. Hierfür werde ich Ihnen am Ende des Buches eine Übung nennen. Für den Augenblick möchte ich Ihnen nur an einigen Beispielen zeigen, welche Art von Überzeugungen bestimmte Erfahrungen zur Folge haben können.

Der folgende Ausschnitt aus einem Glaubenssystem stammt von einer Frau, mit der ich gearbeitet habe. Sie hatte erkannt, daß in ihrem Leben der finanzielle Aspekt einfach nicht in Ordnung kommen wollte. Durch einen Prozeß der Selbstbefragung fanden wir ihre Grundanschauung zum Thema Geld heraus. Sie lautete:

»Zeit ist Geld.«

Nun mußten wir selbstverständlich auch ihre Grundanschauung zum Thema Zeit erforschen. Sie war:

»Zeit ist begrenzt.«

Diese beiden Anschauungen ergaben in ihrem Biocomputer die folgende logische Sequenz:

»Zeit ist begrenzt
und Geld ist Zeit;
also ist Geld begrenzt;
daher werde ich niemals genügend Geld haben, wieviel ich auch arbeite oder verdiene.«

Da wir nur unseren Grundanschauungen entsprechend handeln können, schuf die Frau durch ihr Verhalten ständig Bedingungen, die ihre Erfahrungen in Übereinstimmung mit ihren Überzeugungen in bezug auf Geld bringen mußten.

Um zu zeigen, wie unterschiedliche Ansichten zum selben Ergebnis führen können, gebe ich Ihnen ein weiteres Beispiel. In diesem Fall handelte es sich um einen Mann mit den folgenden drei Grundanschauungen:

»Man bekommt immer, was man verdient.«
»Ich bin ein guter Mensch.«
»Geld ist schlecht.«

Dies führte unausweichlich zu der Schlußfolgerung:

»Ich verdiene Gutes, und deshalb verdiene ich kein Geld.«

Die Sache wäre zum Lachen, hätte sie nicht solche Verheerungen im Leben dieses Mannes angerichtet. Übersehen Sie nicht, daß wir wiederum dasselbe Ergebnis bekommen, das heißt Geldmangel, wenn die beiden letzten Anschauungen »Ich bin ein schlechter Mensch« und »Geld ist gut« lauten. Wenn ich an dieser Stelle eine weitere populäre Lebensanschauung aussprechen darf: Es führen viele Wege nach Rom.

Ursache aller Probleme sind Gedankenkonflikte

Geistige, emotionale, soziale und körperliche Erfahrung von Schmerz, Leiden und Mangel hat ihre Wurzeln in Konflikten widersprüchlicher Anschauungen oder Gedanken. Von den verschiedenen Arten von Konflikten verursacht diejenige die meisten Probleme, die auf »Sollte«-Ansichten basiert. Hierunter verstehe ich den Gedanken, daß etwas anders sein »sollte«, als es anscheinend ist. Nehmen Sie an, Sie sind eine Mutter mit der ganz schön tief verwurzelten Überzeugung, daß Hausarbeit minderwertig ist. Auf verschiedene und subtile Weise haben Sie diesen Gedanken Ihren Kindern vermittelt, die ihn begierig angenommen haben. Nun sind Sie andrerseits auch der Ansicht, daß Kinder ihr Zimmer sauber und ordentlich halten sollten (nicht daß sie es tun, sondern daß sie es tun *sollten*). Die wahrscheinliche Folge ist, daß das Kinderzimmer für gewöhnlich katastrophal aussehen wird, und Sie sich in Frustration, Nörgelsucht und vielleicht Kopf- oder Magenschmerzen hineinsteigern, weil es nicht so aussieht wie es aussehen »sollte«. Kinder sollten ordentlich sein, aber sie sind es nicht, sie sollten aber doch eigentlich ... – kreisen Ihre Gedanken.

»Sollte«-Gedanken können in jedem Lebensbereich auftauchen, und zwar mit potentiell verheerenden Auswirkungen auf Gesundheit und Leistungsvermögen. Das Schlimme an ihnen ist, daß sie Sie zum Verlierer machen, was immer Sie tun. Sie schaffen bereits Konflikte durch das, was sie voraussetzen. Impliziert doch der Gebrauch des Wortes »sollte« in diesem Sinne von vornherein, daß die Wirklichkeit nicht dem entspricht, was sie sein »sollte« (abgesehen davon, daß das »was ist« nur Ihre Vorstellung von dem ist, was ist). So fahren Sie fort, Ihre Erfahrungen mit dem zu vergleichen, was sie sein »sollten«, und geraten schließlich in einen dauernden Kampf mit sich selbst.

Eine der verbreitetsten »Sollte«-Überlegungen wird repräsentiert durch den Ausruf »Das ist ungerecht!«. Er besagt natürlich, daß alles, was ungerecht ist, gerecht sein sollte. Menschen, die diesen Ausruf häufig gebrauchen, neigen auch dazu, häufig unglücklich zu sein. Der Grundgedanke dahinter ist »Das Leben sollte gerecht sein«. Um auf die Grundlage dieses Anspruchs zu stoßen, müssen wir zunächst herausfinden, was unter »gerecht« zu verstehen ist. Wenn Sie tief graben, werden Sie finden, daß es sich übersetzen läßt durch »Das Leben sollte so sein, wie ich

18

es haben möchte«. Haben Sie diese Bedeutung einmal erkannt, so wird Ihre Wahl, mit einer solchen Anschauung weiterzuleben oder sie zu ändern, deutlicher. Beachten Sie, daß ein großer Unterschied besteht zwischen »Das Leben *sollte* so sein, wie ich es haben möchte« und »Das Leben *kann* so sein, wie ich es haben möchte«. Die erste Aussage erstickt jede wirkliche Bemühung, die zweite fördert sie. Seien Sie also auf der Hut vor den »Sollte-Sein« in Ihrem Leben. Schaffen Sie es, sich von ihnen zu befreien, so werden Sie sehr viel glücklicher und leistungsfähiger sein, und Ihr Vertrauen wie Ihr Selbstwertgefühl werden wachsen.

Eine andere Art von Konflikt entsteht dann, wenn verallgemeinernde Vorstellungen in krassen Widerspruch zu spezifischen geraten. Ein Unteroffizier, den ich in der Marine kannte, kam eines Tages zu mir, um sein Herz auszuschütten. Er stammte aus den Südstaaten, und sein Problem hing damit zusammen, daß unser Zug rassisch gemischt war. Mit den Schwarzen in unserer Kaserne *individuell* kam er gut aus, denn sie waren durchweg freundlich, arbeitsam und trugen zu unserem Teamgeist bei. Dachte er an sie als Menschen und reagierte auf sie als Menschen, so hatte er kein Problem. Doch sobald er an sie als Schwarze dachte, kamen all die alten Gefühle, mit denen er aufgewachsen war, an die Oberfläche und er war verstört. Die Vorurteile, die er als Kind übernommen hatte, wirkten in ihm als Grundanschauungen noch fort. Sie hielten jedoch nicht stand, wenn er mit einzelnen Menschen zu tun hatte. Die Aussage »Einige meiner besten Freunde sind schwarz« wird oft als scheinheiliges Klischee angesehen, doch vielleicht ist sie das gar nicht. Es könnte auch das unbeholfene Eingeständnis einer ehrlichen verallgemeinernden Überzeugung und der spezifischen Meinung über bestimmte Menschen sein. Doch solche Konflikte verursachen noch immer unnötig Angst, Schranken und soziale Konflikte. Vielleicht entdecken Sie auch bei sich selbst solche Konflikte zwischen verallgemeinernden und spezifischen Ansichten auf dem Gebiet von Rasse, Religion, Politik, Kultur, Erziehung, Ruhm und Glück. Prüfen Sie sie gründlich. Machen die Verallgemeinerungen Sie nicht glücklicher, gesunder, liebevoller und leistungsfähiger, dann sind sie nicht wert, daß Sie an ihnen festhalten.

Innere Konflikte mit ihren äußeren Auswirkungen entstehen auch, wenn eine alte Anschauung durch eine neue in Frage gestellt wird. Unsere Ansichten in bezug auf unsere Umwelt stehen in engem Zusammenhang mit unserem Sicherheitsbedürfnis. So seltsam es scheinen mag, selbst frühere Ansichten, die keine Gültigkeit mehr haben oder die uns Schwierigkeiten aller Art bereiten, bieten dennoch irgendwie Sicherheit, da wir an sie gewöhnt sind. Wenn wir uns entscheiden oder »durch die Umstände gezwungen werden«, unsere Realität neu zu interpretieren, so machen wir unweigerlich eine Periode der Unsicherheit durch, bis sich die neue Interpretation durchgesetzt hat und zur Gewohnheit geworden ist. Je fundamentaler die Überzeugung, die in Frage gestellt wird, umso stärker ist das Gefühl der Unsicherheit. Manchmal scheint unsere Welt buchstäblich in Stücke zu fallen, und das trifft in einem solchen Fall auch zu. Unsere alte Welt zerbricht, denn unsere Erfahrungen sind die Folge unserer Überzeugungen. *Doch werden Sie keine positiven Wandlungen in Ihrem Leben bewirken, solange der Wunsch, die Umstände zu ändern, nicht stärker ist als die Bequemlichkeit der vertrauten Qual.*

Die Gegenwart zählt

Nur das Jetzt existiert. Obwohl wir in einer zeitorientierten Welt leben, ist das einzige, was unserer Erfahrung je zugänglich ist, der gegenwärtige Augenblick. Was wir als Vergangenheit bezeichnen, sind nur weitere uns gegenwärtige Augenblicke, an die wir uns erinnern oder die wir gespeichert haben, und die wir in unserem Jetzt aus unserer Erfahrung schöpfen. Und auch die Zukunft besteht nur aus uns gegenwärtigen, noch zu erlebenden Augenblicken, an die wir in unserem Jetzt denken können.

Viele Menschen denken, daß die Ursachen ihrer gegenwärtigen Schwierigkeiten in der Vergangenheit liegen. Es trifft wohl zu, daß Sie sich in der Vergangenheit für eine bestimmte Beurteilung des Lebens entschieden haben, und daß das, was Sie jetzt erleben, die Folgen dieser Entscheidungen sind, doch erleben Sie diese Folgen jetzt, weil Ihr Denken noch immer in Übereinstimmung mit diesen Entscheidungen funktioniert.

Entscheidungen in bezug auf die Beurteilung des Lebens sind wie Samen mit ihrem inneren Drang, ihr Potential zu verwirklichen. Äpfel entstehen aus Apfelsamen, doch die Samen verursachen die Äpfel nicht. Was die Äpfel verursacht, ist der fortwirkende Drang zur Erfüllung. Es macht keinen Unterschied, ob die Entscheidungen nun glückliche oder unglückliche Erlebnisse, Äpfel oder Unkraut hervorgebracht haben. Der Drang zu Erfüllung ist da und wirkt fort, bis Sie die unerwünschten Pflanzen ausreißen.

Auch wurde vielen Menschen der Gedanke vermittelt, daß gegenwärtige Probleme auf Erinnerungen an vergangene Erlebnisse zurückzuführen sind, die tief in irgendeinem unbewußten Teil ihres Selbst vergraben liegen. Das Bild des Psychiaters, der Monate oder Jahre braucht, um irgendein traumatisches Erlebnis in der Vergangenheit aufzudecken, das insgeheim das Verhalten des Patienten beeinflußt, ist allgemein bekannt. Meine Annäherungsweise unterscheidet sich hiervon in dreierlei Weise gründlich.

Erstens ist die Vergangenheit praktisch nicht mehr existent. Was existiert, ist unsere *Erinnerung*. Doch unsere Erinnerung existiert in der Gegenwart, und sehr oft weicht sie ab von der Erinnerung anderer an dieselben Ereignisse. Haben Sie je mit einem Freund oder Verwandten über alte Zeiten gesprochen, nur um festzustellen, daß seine Erinnerung an das, was zu einem bestimmten Zeitpunkt geschah, keineswegs mit Ihrer eigenen Erinnerung übereinstimmt? Es geht hier nicht darum, wer recht hat, sondern wie jeder für sich die Erfahrung interpretiert und abgewandelt hat, so daß sie seinen Überzeugungen entspricht. Ihre Erinnerungen werden bestimmt durch Ihre gegenwärtigen Anschauungen. Ändern sich diese, so ändern sich mit ihnen auch Ihre Erinnerungen und Ihre Reaktionen auf diese Erinnerungen. Einer Frau, mit der ich gearbeitet habe, war es zunächst unmöglich, sich an irgendwelche glücklichen Erlebnisse aus ihrer Kindheit zu erinnern. Was sie anbelangte, war es eine dunkle und bittere Zeit. Nach einigen Sitzungen jedoch, die der Änderung ihrer Anschauungen gewidmet waren, begann sie plötzlich, sich an viele glückliche Erlebnisse zu erinnern. Die Erinnerung daran war nicht irgendwo vergraben. Sie war die ganze Zeit verfügbar. Nur hatte die Frau sie nicht beachtet. Darüber hinaus fing sie an, die bitteren Erfahrungen in einem anderen Licht zu sehen und zu erkennen, daß sie eigentlich gar nicht so schlimm waren. Vorher hätte sie alle heiligen Eide geschworen, daß ihre Erinnerung an die Vergangenheit die einzige wahrheitsgetreue war.

Zweitens sind vergangene Ereignisse relativ unwichtig. Es ist nicht schwierig, Jahre daran zu wenden, Erinnerungen an Vergangenes zu erörtern und zu zerpflücken, dem man die Schuld für gegenwärtige Situationen zuschieben kann, aber es ist langwierig, langweilig, unnötig und oft unproduktiv. Es ist, als würde man die Steine einer großen Mauer einzeln aus dem Mörtel lösen. Viel einfacher, schneller und effizienter ist es, das Fundament freizulegen und auszugraben, denn dann stürzt die ganze Mauer ein. Ändert sich eine grundlegende Lebensanschauung, so ändert sich damit auch jede Begebenheit und die damit verbundenen Ansichten. Die Erinnerung an die Begebenheit bleibt, doch ihre Interpretation – und damit ihre Wirkung auf uns – ist eine völlig andere geworden. Eine Frau, die ich behandelte, hatte ernste Lernschwierigkeiten, die sie darauf zurückführte, daß ihr als Kind gesagt worden war, sie sei geistig zurückgeblieben. Sie hatte einen Psychiater zu Rate gezogen, doch das einzige, was ihr dies gebracht hatte, waren einige Aufhänger für Schuldzuweisungen. Ich habe ihr lediglich deutlich gemacht, daß sie noch immer an der Überzeugung festhielt, sie könne schwierigen Lernstoff nicht bewältigen. Mit einiger Ermutigung war sie in vergleichsweise kurzer Zeit imstande, diese Ansicht zu ändern, und heute nimmt sie mit Erfolg Unterricht in Astronomie, Physik und Biochemie. Übrigens, ich möchte hier keine Kritik an der Psychiatrie üben, sondern lediglich bemerken, daß manche ihrer Methoden nicht sehr effektiv sind.

Drittens behaupte ich, daß all unsere Anschauungen dem Bewußtsein jederzeit zugänglich sind. Sie werden nicht in irgendeinem dunklen Verlies unseres Unbewußten unter Verschluß gehalten und eifersüchtig gegen unsere Wahrnehmung abgeschirmt. Wir kennen – bewußt – unsere Ansichten ganz genau. Wir vergessen nur zuweilen, daß sie vorhanden sind, oder wollen sie nicht ansehen. Unser Bewußtsein verfügt über ein Unmenge Informationen, die wir als gegeben ansehen oder gar nicht beachten. Da ist beispielsweise Afghanistan. Nun kenne ich Ihre Ansichten über Afghanistan nicht, doch Sie kennen sie wohl und können sich ihrer auf Wunsch bewußt werden. Hätte ich Afghanistan jetzt nicht erwähnt, so wäre es natürlich gut möglich, daß Sie wochenlang nicht an dieses Land gedacht hätten, doch die Information ist vorhanden und verfügbar. Dasselbe gilt für all Ihre sonstigen, relevanteren Ansichten. Der Hauptgrund dafür, daß manche von ihnen Ihrer unmittelbaren Aufmerksamkeit nur schwer nahezubringen sind, liegt darin, daß wahrscheinlich starke »Sollte-nicht«-Anschauungen dazwischenstehen. Nehmen Sie an, Sie hegten die Ansicht »Meine Mutter ist wirklich ein Biest«. Sie können auf der anderen Seite der Meinung sein, »daß man solche Gefühle seiner Mutter gegenüber nicht haben sollte«. Ist die zweite Meinung die stärkere, so kann sie Sie davon abhalten, die erste zur Kenntnis zu nehmen, und Sie können es schaffen, sich weiszumachen, daß Sie nicht wissen, warum Sie nicht mit Ihrer Mutter auskommen können. Der springende Punkt ist, daß die Tatsache, daß Sie es vorziehen, bestimmte Ansichten zu ignorieren, nicht bedeutet, daß Sie nichts von ihrer Existenz wissen. Im übrigen sind Sie von ihren Auswirkungen umgeben.

Was die Zukunft betrifft, gibt es nichts, was bereits festgelegt wäre. Sie erwächst aus Ihren gegenwärtigen Gedanken, die altgewohnten, denen Sie nicht viel Beachtung schenken, inbegriffen. Sie säen den Samen Ihrer Zukunft jetzt. Da es jedoch in Ihrer Macht liegt, Ihr Denken zu ändern, ist die Zukunft eher eine Reihe von Wahrscheinlichkeiten als ein festgelegtes Schicksal. Sie sind keineswegs ein Opfer der Vergangenheit oder der Gegenwart. Frühere Denk- und Verhaltensmuster bestimmen Ihre Zukunft nur, wenn Sie selbst es zulassen. Und Sie brauchen es nicht zuzulassen. Wie das Sprichwort sagt, ernten wir, was wir säen. Ihre Gedanken sind der Samen, Ihre Emotionen der Dünger, und die Zeit der Aussaat ist jetzt.

Wir setzen unsere Grenzen selbst

Uns sind, als menschlichen Wesen, wirklich nicht viele Grenzen gesetzt. Ich zerbreche mir den Kopf und finde es schwierig, Begrenzungen zu finden, die nicht von irgendwem, irgendwann, irgendwo überwunden worden sind. Und da wir alle zur selben Gattung gehören, steht das, was einem Menschen möglich ist, potentiell auch jedem anderen offen.

Jugend setzt keine Grenzen. Auf fast allen Gebieten hat es Wunderkinder gegeben, und unlängst haben Untersuchungen gezeigt, daß der IQ von offensichtlich unintelligenten Kindern in aufsehenerregendem Maße angehoben werden kann, einfach dadurch, daß man ihnen einen Lehrer gibt, der ihnen mehr zutraut, als sie bisher zu erkennen gegeben haben. Während des amerikanischen Unabhängigkeitskrieges hatten wir Schiffskapitäne von sechzehn und neunzehn Jahren. In späterer Zeit hat es zahlreiche Beispiele gegeben von Leuten unter fünfundzwanzig, darunter auch Teenager, die erfolgreiche Geschäftsleute und zum Teil sogar Millionäre wurden. Und wir erleben immer mehr Teenager der jüngsten Altersgruppe als Olympiasieger.

Auch das Alter setzt keine Grenzen. Es gibt Menschen, die als Achtziger noch mit Erfolg neue Karrieren beginnen. Es gibt alte Menschen, die physisch so vital sind, daß sie erstaunliche Leistungen an Kraft und Ausdauer in Sportarten wie Schwimmen, Gewichtheben und Laufen erbringen. Und viele Ältere geben auf verschiedenen Gebieten der sozialen Entwicklung mit Erfolg ihr Wissen und ihre Fachkenntnis weiter; ich habe einige als Freiwillige des Peace Corps in Afrika kennengelernt.

Die körperliche Verfassung setzt keine Grenzen. Schwerbehinderte haben sich zu Sportstars entwickelt. Andere haben gelernt, sich auf geistigem Gebiet zu bewähren, und waren erfolgreich in Geschäftswelt, Politik und Unterrichtswesen tätig. (Ein ausgezeichneter Lehrer an meinem College, bei dem ich Vorlesungen über Shakespeare hörte, war blind.) Fehlende Glieder können durch Prothesen ersetzt werden, und Menschen mit für gewöhnlich geringen Körperkräften haben unter Streß Fahrzeuge hochgehoben, um Unfallopfer zu befreien.

Armut setzt keine Grenzen. Andrew Carnegie begann arm, wie auch andere, die häufig in Selbsthilfebüchern erwähnt werden.

Zu einer ethnischen Minderheit zu gehören setzt keine Grenzen. Obwohl noch manche Bürgerrechte und Chancengleichheit zu erringen bleiben, haben Schwarze, Lateinamerikaner und andere gezeigt, daß sie auf jedem mir bekannten Gebiet erfolgreich sein können.

Eine Frau zu sein setzt keine Grenzen. Auch hier wieder müssen im allgemeinen noch Vorurteile überwunden und Rechte erkämpft werden, doch haben auch Frauen ihre Fähigkeit bewiesen, auf jedem Gebiet Erfolge zu erringen.

Strafgefangener gewesen zu sein setzt keine Grenzen. Trotz gesellschaftlicher Vorurteile sind ehemalige Strafgefangene Richter, berühmte Schriftsteller und erfolgreiche Geschäftsleute geworden.

Diese wenigen Beispiele habe ich genannt, um zu unterstreichen, daß alles, was Sie auch immer als für Sie einschränkend sehen mögen, Ihnen nur deshalb Grenzen setzt, weil Sie an diese Grenzen glauben. Und solange Sie diese Gegebenheiten als etwas sehen, was Sie daran hindert, zu erreichen, was Sie erreichen möchten, werden sie genau dies tatsächlich tun. Wollen Sie einen Ausweg aus der Falle finden, so dürfen Sie die vermeintlichen Grenzen nicht als solche sehen, sondern als Umstände oder Faktoren, denen Sie Rechnung tragen müssen, wenn Sie Ihrem Leben zum Erfolg verhelfen wollen. Was ein anderer konnte, können auch Sie. Vielleicht haben Sie gar kein Interesse daran, es im selben Ausmaß zu tun, doch können Sie soweit gehen, wie Sie selbst es wollen. Als Umstände gesehen, denen man sich stellen muß, sind Einschränkungen nicht länger Schranken auf dem Lebensweg, sondern machen die Beschaffenheit dieses Weges aus, der felsig, glatt, gewunden oder steil sein kann. Die Beschaffenheit Ihres Weges bestimmt nur, was Sie tun müssen, um ans Ziel zu kommen; sie hindert Sie nicht daran, es zu erreichen. Das Hindernis schaffen Sie selbst, indem Sie sich hinsetzen und über die Beschaffenheit des Weges klagen anstatt weiterzugehen. Es liegt in Ihrer Macht, den Weg zu glätten.

Ändern Sie Ihre Ansichten und damit Ihre Erfahrungen

In diesem Kapitel ging es um eines: Sie dazu zu bringen sich klarzumachen, daß Sie Herr über Ihr Schicksal sind. Die Erfahrungen, die Sie machen, sind Folgen Ihrer Überzeugungen und es liegt in Ihrer Macht, Überzeugungen und Anschauungen, die nicht das gewünschte Resultat bringen, zu ändern.

Nun verspreche ich keine sofortigen Resultate. Solche kommen wohl vor, aber meistens dauert es länger. Das hat mit dem zu tun, was ich »das Erfahrungsmoment« nennen möchte. Das ist eine Wortschöpfung, die die Tatsache verdeutlichen soll, daß die Erfahrungen, die wir durch unser Denken hervorgebracht haben, die Tendenz haben, noch eine Zeitlang fortzudauern, auch wenn wir inzwischen umgedacht haben. Anders ausgedrückt: Wir müssen noch eine Weile mit den Früchten leben, die unsere früheren Anschauungen getragen haben. Wie lange das dauert, hängt davon ab, wie lange wir sie hatten, ob starke Emotionen mit ihnen verbunden waren, wie vollständig unser Umdenken ist und welche Empfindungen und Wünsche wir in unsere neuen Überzeugungen legen. Es liegt mir daran, daß Ihnen dies klar ist, um Sie davor zu bewahren, entmutigt aufzugeben, bevor Sie Resultate erzielen. Umdenken bewirkt mit Sicherheit eine Veränderung in Ihren Erfahrungen, aber in vielen Fällen werden Sie Geduld und Ausdauer brauchen, um durchzuhalten. Glauben Sie mir, der Lohn ist die Mühe wert. Erfolgreich zu leben ist eine Kunst, und wie bei jeder Fertigkeit braucht man Übung, um Meister zu werden.

KAPITEL 2

Imagination als Werkzeug

Von allen geistigen Hilfsmitteln, die in diesem Buch behandelt werden sollen, ist die Imagination selbst das wesentlichste. Auch andere sind wichtig, aber der Imagination kommt fraglos die erste Stelle zu. Sie ist deshalb so wichtig, weil sie weitgehend unsere Gefühlswelt und unsere Verhaltensweisen bestimmt. Fast allem, was wir gelernt oder erfahren haben, ging eine Vorstellung in irgendeiner Form voraus. Obwohl wir uns wohl nicht mehr daran erinnern, haben wir schon als Kleinkind krabbeln, gehen und laufen gelernt, indem wir zunächst einmal in unserer Vorstellung krabbelten, gingen und liefen und diese Vorstellung dann umsetzten.

Spontane und willentliche Imagination

Wenn Sie sich angewöhnt haben, Ihre geistige Aktivität als gegeben hinzunehmen, wird es Sie vielleicht überraschen, zu erfahren, daß Sie verschiedene Arten von Vorstellungskraft haben. Zwei davon sind die spontane und die willentliche Imagination. Sie unterscheiden sich dadurch, daß sie ihren Ursprung in verschiedenen Teilen oder Aspekten Ihres Geistes haben, auf die ich in einem anderem Kapitel näher eingehen möchte. Für den Augenblick wollen wir sie einfach das Bewußte und das Unbewußte nennen.

Spontane Imagination kommt aus dem Unbewußten und wird gespeist aus unserer Erinnerung und durch telepathische Kommunikation. Sie kennzeichnet sich hauptsächlich dadurch, daß sie, zumindest was die Einzelheiten betrifft, ohne unser Zutun aufzusteigen scheint. Wir können bewußt beschließen, eine Erinnerung heraufzubeschwören, doch ihrem Inhalt nach ist sie ein unbewußtes Produkt. Wir können sogar beschließen, uns der telepathischen Eingabe gewahr zu werden, doch das, was eingegeben wird, stellt unser Unbewußtes uns spontan zur Verfügung. Wenn ich von telepathischer Eingabe spreche, so muß ich erläutern, daß ich hierunter die mentale Kommunikation, nicht nur mit anderen Menschen, sondern auch mit anderen Teilen unseres Selbst verstehe, unseren Körper inbegriffen. Auf jeden Fall wird unsere spontane Imagination weitgehend von den Anschauungen beherrscht, die wir im Augenblick in bezug auf uns selbst und das Leben haben sowie von den daraus resultierenden Denkgewohnheiten. Spontane Imagination kann kreativ sein, doch es ist eine Art von Kreativität, die bereits vorhandene Elemente verwendet. Sie kann neue Kombinationen, doch keine neuen Konzepte schaffen.

Genau das aber tut die willentliche Imagination. Hier entsteht die Vorstellung durch einen bewußten Willensakt. Beachten Sie, daß dies nicht dasselbe ist wie wollen, daß eine bestimmte Erinnerung aufsteigt, oder wollen, daß man sich der telepathisch empfangenen Daten bewußt wird. Hier geht es darum, den Vorstellungsinhalt zu »wollen«, das heißt ihn bewußt zu beschließen. Der Unterschied zwischen spontaner und willentlicher Imagination ist wie der Unterschied zwischen dem Heraufholen einer Erinnerung und dem Tagträumen eines freudvollen Erlebnisses, das nie geschehen und höchst unwahrscheinlich ist. Es ist die willentliche Imagination, durch die wir neue Konzepte entwickeln und neue Erfahrungen anziehen. Zu dem, was den Menschen vom Tier unterscheidet, gehört auch, daß wir uns etwas vorstellen können, was nicht ist. Das kann natürlich, je nach Inhalt, sowohl eine Last als auch ein Abenteuer sein.

In den meisten Fällen willentlicher Imagination ist auch ein gewisses Maß an spontaner Imagination beteiligt. Sie übernimmt es, »die Details der Bilder auszumalen«. Ebenso kann »rein« spontane Imagination abgewandelt und beeinflußt werden durch Zuhilfenahme willentlicher Imagination. All dies dient durchaus praktischen Zwecken, wie Sie an anderer Stelle noch sehen werden. Das folgende Experiment demonstriert den Unterschied zwischen spontaner und willentlicher Imagination.

Experiment: Stellen Sie sich die Szenerie eines kleinen Dorfes vor. Es hat eine Hauptstraße und an deren Ende ein Gebäude, das höher ist als die übrigen. Tun Sie dies, ehe Sie weiterlesen.

Nehmen Sie sich eine halbe bis eine Minute Zeit, damit Sie die Szene klar vor Ihrem geistigen Auge haben.

Welcher Art war die Szenerie nun? Waren die Häuser strohgedeckt, waren sie aus Lehmziegeln, aus Holz oder aus anderem Material gebaut? War die Straße gepflastert oder nicht? Waren Menschen zu sehen? Was für ein Gebäude stand am Ende der Straße? War es ein Dorf in Indien, Südamerika, Europa oder sonstwo? War es eine Erinnerung an ein Dorf, das Sie einst besucht oder von dem Sie ein Bild gesehen haben, oder war es ein offensichtlich neues Dorf? Der Zweck dieses Experiments ist, Ihnen zu zeigen, daß alle Einzelheiten des Bildes von Ihrer unbewußten, spontanen Imagination beigesteuert werden, selbst wenn es sich um eine echte Erinnerung handelt. Aller Wahrscheinlichkeit nach hatten Sie das Bild schnell vor Ihrem Geist, »fertig gemalt« sozusagen. Und sehr wahrscheinlich war es nicht nötig, bewußt irgendwelche Elemente einzufügen, was ein Beweis für Spontaneität ist. Nun jedoch bitte ich Sie, daß Sie sich selbst und einen Freund ganz bewußt und willentlich auf die Dorfstraße stellen, daß Sie die Dorfstraße entlanggehen und sich umsehen. Wenn Sie in der wirklichen Vergangenheit einmal mit einem Freund eine solche Straße entlanggegangen sind, dann stellen Sie sich vor, daß Sie diesmal von einem anderen Freund begleitet werden und andere Dinge tun als damals. Nehmen Sie sich hierfür einige Augenblicke Zeit.

Diesmal haben Sie eine spontan imaginierte Szene mit willentlicher Imagination überlagert. Sie haben dergleichen vielleicht in Tagträumen schon viele Male getan, aber mir liegt daran, daß Sie den Vorgang *als Technik erkennen,* denn diese Technik wird Ihnen noch sehr gelegen kommen, wenn Sie sich darin üben, auf bewußter Ebene Ihre Realität selbst zu schaffen.

Bildhafte und pantomimische Imagination

Experiment: Sie sehen vor Ihrem geistigen Auge ein mit rotem Band verschnürtes, quadratisches Päckchen von etwa 15 Zentimeter Kantenlänge. Stellen Sie sich vor, daß Sie es öffnen und darin, auf Watte, ein Armband finden. Dann stellen Sie sich vor, wie Sie das Armband anlegen. (Sind Sie ein Mann, dann können Sie ein schwereres, maskulines Armband daraus machen, wenn Sie wollen.) Das ist alles. Als nächstes stellen Sie sich ein solches Päckchen auf Ihrem wirklichen, physischen Schoß vor, ganz so, als wäre es dreidimensionale Realität. Stellen Sie sich vor, wie Ihre wirklichen Hände es vor Ihnen öffnen, das Armband herausnehmen und es um Ihr wirkliches Handgelenk legen. Können Sie einen Unterschied zwischen den beiden Vorstellungen erkennen?

Wenn Sie so beschaffen sind wie die meisten Leute, dann glich die erste einem auf eine Leinwand projizierten Bild, und Sie sahen sich selbst wahrscheinlich von außen, als eine Person, die das Päckchen öffnete und das Armband herausnahm. Die zweite Szene war vermutlich realistischer und die Erfahrung lebendiger. Das kommt daher, daß sich die Vorstellung in Ihre unmittelbare physische Umgebung einfügte. Was die Qualität der Erfahrung angeht, war sie ganz anders als die erste. Diese Art der Imagination hat auch physiologisch ganz andere Auswirkungen. Hätte ich Sie aufgefordert, sich im ersten Päckchen eine Spinne vorzustellen, dann hätten Sie das wohl ohne allzu starke Reaktion gekonnt. Bei der zweiten Art von Imagination jedoch, hätten Ihre Adrenalindrüsen vermutlich, ohne daß Sie es wollten, ein bißchen »Saft« abgegeben.

Der springende Punkt ist, daß wir hier zwei weitere Arten von Imagination haben, jede mit eigenen Merkmalen und Verwendungsmöglichkeiten. Unser Körper reagiert stärker auf die zweite Art. Diese Art von Imagination war auch am Werk, wenn Sie je im Dunkeln allein waren und sich vorstellten, daß jemand oder etwas »da draußen« im nächsten Augenblick über Sie herfallen würde. Sie hat Ähnlichkeit mit der von einem Pantomimen auf der Bühne heraufbeschworenen. (Sie wissen schon: Jemand mit weißgeschminktem Gesicht tut, als würde er eine Treppe hinuntergehen, und das so gut, daß Sie die Treppe fast sehen können.) Wir wollen sie daher »pantomimische Imagination« nennen. Die erste Art von Imagination nennen wir »bildhafte Imagination«.

Bildhafte Imagination eignet sich gut für das Zurückholen von Erinnerungen, für kreatives Spiel (von manchen als Tagträume bezeichnet), für die Entwicklung neuer Ideen, für Projektplanung und für Meditationen verschiedener Art. Für diese Zwecke ist sie ein ausgezeichnetes Hilfsmittel.

Pantomimische Imagination dagegen ist geeigneter, wenn Sie wirkliche Fortschritte in Ihrer Persönlichkeitsentwicklung und Ihrem Können, in Ihren Beziehungen und Ihrer Umgebung, wie auch in Ihrem Gesundheitszustand erzielen wollen. Viele Sportler verwenden die pantomimische Imagination, um sich geistig vorzubereiten und ihren Körper »vorzutrainieren« für bevorstehende Wettkämpfe. Gute Schauspieler benutzen sie, um glaubhafte Charaktere zu gestalten, und manche aufgeklärten Geschäftsleute und Politiker bereiten sich mit ihrer Hilfe auf Zusammenkünfte und Reden vor. Ich unterstützte einmal zwei junge Schlittschuhläufer auf ihrem Weg an die Spitze, indem ich sie im Gebrauch der pantomimischen Imagination schulte. Ich half ihnen nicht nur, sich geistig und körperlich auf vollendeten Lauf vorzubereiten, sondern, wie ich glaube, mehr noch dadurch, daß ich sie den ganzen Vorgang ihres Sieges im vorhinein imaginieren ließ. Diese Schulung gab ihnen das Vertrauen und die Erwartungshaltung, die ihnen den Weg zum Sieg ebneten.

Multisensorische Imagination

Wenn jemand das Wort Imagination hört, so denkt er im allgemeinen zunächst einmal an visuelle Vorstellungen. Imagination als vollständiges Werkzeug schließt jedoch auch Geschmacks- und Geruchssinn, Tastsinn und Gehör ein.

Experiment: Stellen Sie sich vor, Sie betrachten einen Rosenstrauch unmittelbar nach einem leichten Regen. Ganz oben an dem Strauch sehen Sie eine große, vollerblühte Rose. Stellen Sie sich vor, Sie strecken die Hand aus, berühren ihren Stiel und fühlen den leichten Stich seiner Dornen. Führen Sie die Rose an die Nase und atmen Sie ihren Duft tief ein. Stellen Sie sich Tautropfen auf ihren Blütenblättern vor. Lecken Sie ein paar Tautropfen ab und schmecken Sie die sanfte Frische des Wassers. Nun lassen Sie die Rose los und stellen sich vor, wie eine Biene angeflogen kommt, um sich auf der Rose niederzulassen, und hören Sie sie summen.

Wie Sie bereits erkannt haben, soll dieses Experiment Sie veranlassen, all Ihre Sinne in die imaginierte Szene einzubeziehen. Gebrauchen Sie auf diese Art Ihre Vorstellungskraft multisensorisch, so ist ihre Wirkung wesentlich stärker, insbesondere auf Ihre Gedanken, Ihre Gefühle und Ihr Verhalten. Dies ist darauf zurückzuführen, daß Ihr Unbewußtes den Unterschied zwischen einer »wirklichen« und einer imaginierten Erfahrung nicht erkennt. Es wird auf der Ebene der Muskel-, Drüsen- und Zelltätigkeit sowie der Erinnerung auf die eine ebenso stark reagieren wie auf die andere, besonders dann, wenn mehr als ein Sinnesorgan beteiligt ist. Das mag zunächst schwer zu glauben sein, doch das nun folgende Experiment trägt vielleicht dazu bei, Sie zu überzeugen.

Experiment: Stellen Sie sich vor, Sie befinden sich in einem Raumschiff, das die Erde umkreist. Sie schauen hinunter und können unter sich die Kontinente und Ozeane erkennen, die teilweise von verschiedenerlei Wolkenformationen bedeckt sind. Sie sehen braune und grüne Zonen und über dem blauen Ozean wirbelnde Wolken, die aussehen wie ein entstehender Hurrikan. Nun werden Sie die dicke Glasscheibe gewahr, durch die Sie blicken, und berühren sie mit dem Finger. Sie werden sich auch der Kissen auf Ihrem Sitz und des Raumanzuges, den Sie tragen, bewußt. Sie bemerken, wie metallisch sich die Steuervorrichtungen anfühlen. Im Raumschiff hängt ein leichter Ozongeruch, und Sie hören das Summen und Klicken der Instrumente. Sie fühlen auch die Aufregung eines solchen Abenteuers hoch über der Erde. Wenden Sie genügend Zeit daran, sich wirklich in die Situation hineinzudenken. Haben Sie es geschafft? Dann lassen Sie nun die Vorstellung los und widmen Sie Ihre Aufmerksamkeit ein oder zwei Minuten lang Ihrer wirklichen Umgebung, der Zimmereinrichtung oder was immer Sie umgibt, während Sie diese Zeilen lesen. Als nächstes erinnern Sie sich an irgendein beliebiges Ereignis der vergangenen Woche, vielleicht an eine Mahlzeit, an eine Begegnung oder auch an einen Ort, den Sie besuchten. Dann lassen Sie diese Erinnerung los und holen die Raumschifferfahrung zurück. Versuchen Sie nicht, sie zu rekonstruieren. Erinnern Sie sich einfach daran, genau wie an das Ereignis der vergangenen Woche. Nun lassen Sie auch diese Erinnerung los und holen das Ereignis der letzten Woche zurück, anschließend dann noch einmal die Raumschifferfahrung. Mittlerweile werden Sie zu erkennen beginnen, daß zwischen den beiden Erfahrungen – als Erinnerungen – wirklich kein Unterschied besteht. Vielleicht sehen Sie die eine im Geiste etwas lebendiger vor sich als die andere, doch qualitativ sind sie identisch. Die Raumschiffübung ist nun unauslöschlich in Ihrem Gedächtnis gespeichert, und Sie können sie willentlich abrufen wie jede andere Erfahrung aus Ihrem Leben. Was Ihr Unbewußtes angeht, haben Sie eine Reise in einem Raumschiff unternommen. Diese ist nun Teil Ihrer Lebenserfahrung. In der Tat wird Ihr Unbewußtes diese Erfahrung vermutlich sogar als »wirklicher« betrachten als manche andere, der Sie kaum Beachtung schenkten.

Übungen

Da die Imagination bei der Gestaltung Ihrer eigenen Realität eines der wichtigsten Hilfsmittel ist, wird es von Vorteil sein, sie zu entwickeln. Jeder hat Vorstellungsvermögen, genau wie jeder Muskeln hat. Und beides kann zum besseren Gebrauch weiterentwickelt werden. Es folgen daher einige Imaginationsübungen, die Sie ausprobieren können.

Übung 1: Lassen Sie vor sich, auf einem freien Platz auf dem Fußboden oder auf dem Tisch, das Bild eines etwa einen Meter langen, dicken Seils mit einem einfachen Knoten in der Mitte entstehen. Es muß ein vollständiges, dreidimensionales Bild sein, als läge das Seil wirklich vor Ihnen. In Ihrer Vorstellung strecken Sie nun die Hand aus und berühren das Seil, bekommen ein Gefühl für sein Gewicht und seine Beschaffenheit. Dann lösen Sie mit Ihren imaginären Händen den Knoten. Vergewissern Sie sich, daß Sie den ganzen Vorgang deutlich sehen und fühlen können. Fällt Ihnen dies leicht, so haben Sie bereits ein gut entwickeltes Vorstellungsvermögen der pantomimischen Art und machen nun vielleicht gerne einen Versuch mit einem Kreuzknoten oder einem einfachen Paalsteek. Bereitet Ihnen die Übung dagegen Schwierigkeiten, so geraten Sie nicht in Panik. Genau aus diesem Grunde üben Sie ja. Haben Sie wirklich Probleme damit, den Knoten deutlich vor sich zu sehen, dann holen Sie ein wirkliches Seil und machen den Knoten. Anschließend kehren Sie zu Ihrem »pantomimischen« Seil zurück.

Übung 2: Um sich deutlich zu machen, wie gut der Körper auf Imagination anspricht, sollten Sie diese Übung morgens, kurz nach dem Aufstehen machen, wenn Ihre Muskeln noch ein wenig steif vom Schlaf sind. Zuerst beugen Sie sich im Stehen mit durchgedrückten Knien nach vorn und berühren Ihre Zehen. Fällt Ihnen das leicht, so versuchen Sie, den Boden mit den Fingerknöcheln zu berühren. Ist auch das noch zu einfach, so versuchen Sie, Ihre flache Hand auf den Boden zu legen. Schaffen Sie das gleich am Morgen als erstes, so können Sie zur nächsten Übung übergehen. Wie dem auch sei, machen Sie diesen ersten Versuch ohne Anspannung. Achten Sie darauf, wie weit Ihre Hände hinunterreichen, ohne daß Ihre Beine schmerzen. Richten Sie sich dann wieder auf, und stellen Sie sich vor, daß Sie sich hinunterbeugen, bis Sie Ihre Zehen berühren (oder weiter). Wiederholen Sie diese Vorstellung dreimal. Dann beugen Sie sich von neuem wirklich, körperlich nach unten. Diesmal dürften Ihre Hände weiter, wenn nicht sogar ganz hinunter reichen. Nehmen Sie weiter Ihre Imagination zu Hilfe, wenn Sie Ihre wirklichen Leistungen verbessern wollen.

Übung 3: Üben Sie zu Hause, bei der Arbeit oder wo immer Sie gerade einen Augenblick Zeit haben, Ihrer Umgebung Dinge »hinzuzufügen«. Mit anderen Worten, gebrauchen Sie Ihre pantomimische Imagination, um etwas zu schaffen, was physisch nicht vorhanden ist, und haben Sie Ihren Spaß daran. Hier sind ein paar Vorschläge für den Anfang:
- setzen Sie ein Geweih auf jemandes Kopf;
- setzen Sie einen Bären auf einen Baum;
- bringen Sie einen Philodendron zum Blühen;
- lassen Sie den Autos Schwanzflossen wachsen und schmücken Sie ihre Motorhauben mit Ornamenten;
- (Und wenn derlei zu einfach ist) hüllen Sie Ihre Mitmenschen in eine andere Art von Kleidung.

Übung 4: Auch die Entwicklung Ihrer bildhaften Imagination ist wichtig. Diese Übung soll Ihnen dabei helfen. Sie können hierfür die Augen schließen oder sie auf eine leere Fläche, etwa eine Wand richten. Stellen Sie sich einen Baum im freien Feld vor, mit so vielen Details wie Sie wollen. Sobald Sie ein gutes, deutliches Bild haben, fangen Sie an, Änderungen vorzunehmen. Lassen Sie einen Ast herunterfallen und setzen Sie ihn an anderer Stelle an. Ändern Sie die Farbe der Blätter. Lassen Sie das Gras höher wachsen, und fügen Sie Blumen hinzu oder nehmen welche weg. Enthielt Ihr Bild keine Menschen oder Tiere, so setzen Sie welche ein. Waren Menschen oder Tiere vorhanden, so nehmen Sie sie heraus. Was immer Sie tun, üben Sie, bis die Änderungen Ihrem bloßen Willen gehorchen. Überraschenderweise haben viele Leute Schwierigkeiten mit derartigen Umgestaltungen. Das kommt daher, daß sie nicht gewohnt sind, ihre mentalen Bilder bewußt zu steuern. Diese Übung wird hilfreich für sie sein.

Übung 5: Gelegentlich begegnen mir Menschen, die behaupten, nicht in Bildern denken und sich keine bildlichen Vorstellungen machen zu können. Doch ich habe noch nie erlebt, daß ich sie dies nicht lehren konnte. Ich behaupte daher, daß jeder die Fähigkeit zur bildhaften Vorstellung hat, daß aber manche Menschen aus unterschiedlichen Gründen die Gewohnheit entwickelt haben, hiervon keinen Gebrauch zu machen. Für diejenigen, die einen Anfang machen möchten: Die besten Erfolge hatte ich damit, daß ich den Leuten auftrug, sich an ihre Träume zu erinnern. Die nächste Aufgabe ist, Kindheitserlebnisse zurückzuholen und sie in farbenreichen Einzelheiten zu beschreiben. Dann gehen wir daran, mit geöffneten Augen erfreuliche Szenen auf eine leere Wand zu projizieren, und zwar wird solange geübt, bis man imstande ist, die oben beschriebenen vier Übungen auszuführen. Gehören auch Sie zu denjenigen, die solche Probleme haben, so können Sie nach dem obigen Leitfaden ein eigenes Übungsprogramm aufstellen.

KAPITEL 3

Motivation als Werkzeug

Für die Fähigkeit, bewußt die Ausrichtung unserer Emotionen zu beeinflussen, habe ich den Ausdruck »Emotivation« geprägt. Beachten Sie bitte, daß ich nicht davon spreche, die Emotionen zu beherrschen oder zu unterdrücken. Beides würde Probleme nach sich ziehen. Wir *bestimmen ihre Ausrichtung,* wenn wir imstande sind, unerwünschte Emotionen auf harmlose Weise abzureagieren und frei zu wählen, welche Emotionen wir zu welcher Zeit haben wollen. Als Hilfe gebe ich am Ende des Kapitels einige praktische Übungen an, damit Sie lernen, wie Sie dies erreichen können. Doch zunächst möchte ich einige, vielleicht neue Gedanken zu den Emotionen selbst vorbringen.

Energieströme und Botschaften

Emotionen sind Bewegung von Energie durch unseren Körper. Wir könnten sie Lebensenergie oder biologische Energie nennen. Es kommt einzig und allein darauf an, daß es sich um einen Energiefluß wie jeden anderen handelt. Das ist leicht zu beweisen durch die Tatsache, daß starke Emotionen stets von Wärmegefühl und Temperaturanstieg begleitet sind. Das einzige was hier geschieht ist, daß ein Teil der emotionalen Energie in Wärme umgewandelt wird, was durchaus in Übereinstimmung mit den guten alten Gesetzen der Physik ist. In Wirklichkeit wird auch ein Teil davon in Elektrizität umgesetzt, doch das ist hier eigentlich nicht von Interesse. Was die Wärme betrifft, liegt mir nur daran, daß Sie sich klarmachen, daß es keine bedeutungslosen Metaphern sind, wenn jemand sagt, daß er »vor Wut kocht« oder »warme Zuneigung« empfindet.

Emotionen sind jedoch mehr als bloßer Energiefluß. Sie unterscheiden sich von dem einfachen Gefühl durch den Körper strömender Energie, das jeder zuweilen wahrnimmt, dadurch, daß sie Botschaften enthalten. Man könnte den Vergleich anstellen mit Botschaften übermittelnden Trägerfrequenzen in Telefonleitungen oder im Rundfunk. Die Namen, die wir den Emotionen geben – Furcht, Ärger, Eifersucht, Freude oder Zuneigung – sind Beschreibungen der Botschaft, die sie überbringen. *Die Empfindung an sich ist einfach Erregung.* Und wir etikettieren diese Erregung den Inhalten entsprechend, die sie übermittelt.

Woher kommen diese Botschaften? Ideen und bildhafte Vorstellungen sind entweder in den Zellen unseres Körpers als Erinnerung gespeichert, oder aber wir schaffen sie an Ort und Stelle als Reaktion auf andere Ideen oder äußere Umstände. Wodurch aber werden sie ausgelöst? Auslöser sind unsere eigenen oder anderer Leute Gedanken, Vorstellungen, Haltungen, Gesten, Handlungen oder Emotionen.

Emotionen und Spannungen

Die Verbindung zwischen unserem Geist, unseren Gefühlen und unserem Körper ist so offensichtlich, daß es keine Überraschung sein dürfte, wenn ich sage, daß Emotionen und Muskelspannung in enger Beziehung zueinander stehen. Mit anderen Worten, unsere Muskeln sind immer irgendwie beteiligt, wenn wir Emotionen irgendeiner Art empfinden. Im allgemeinen sind die sogenannten »negativen« Emotionen wie Ärger und Furcht von einem Ansteigen der Muskelspannung begleitet, während diese bei »positiven« wie Freude und Zuneigung nachläßt. Es gibt einige offensichtliche Ausnahmen von dieser Regel, auf die ich später eingehen werde. Auf jeden Fall scheint, wo Emotionen beteiligt sind, ein Gedanke oder ein geistiges Bild Nervenimpulse zu erzeugen, die ihrerseits eine Muskelspannung oder -entspannung bewirken. Diese Muskelreaktionen wiederum verursachen Störungen im natürlichen Energiefluß unseres Körpers – was wir Emotionen nennen – zumindest dann, wenn sie Gedanken und bildhafte Vorstellungen intensivieren oder andere hervorrufen. Emotionen sind für gewöhnlich nicht beteiligt, wenn wir zum Beispiel den Gedanken haben, daß wir durstig sind, und unsere Muskeln anspannen, um nach einem Glas Wasser zu greifen. Emotionen können dagegen wohl beteiligt sein, wenn wir den Gedanken haben, daß wir durstig sind und unsere Muskeln anspannen, um nach einem Glas Wasser zu greifen, das uns jemand zu entreißen versucht. Wir wollen nun ein paar Experimente durchführen, um die Beziehung zwischen Muskelspannung und Emotionen deutlich zu machen.

Experiment 1: Setzen Sie sich bequem in einen Sessel, schließen Sie die Augen, und spannen Sie sämtliche Muskeln Ihres Körpers an, während Sie bis fünfzehn zählen. Dann lassen Sie Ihre Muskeln plötzlich erschlaffen, halten aber die Augen geschlossen und fühlen ganz einfach, was in Ihrem Körper geschieht. Wenn Sie wirklich aufmerksam sind, sollten Sie ein Gefühl von Wärme wahrnehmen, ein Prickeln oder das Gefühl, daß etwas durch Ihre Glieder fließt, vielleicht auch alle drei Empfindungen zugleich. Dies soll Ihnen einfach zeigen, daß Muskelspannung sich auf den Energiefluß in Ihrem Körper auswirkt. Können Sie sich Ihren Körper als Schlauch vorstellen, durch den Wasser fließt, dann war das, was Sie soeben getan haben, ein Äquivalent für Abklemmen und anschließendes Loslassen. Das Wasser im Schlauch wird einen Augenblick zurückgehalten, um dann mit erhöhter Geschwindigkeit zu strömen, bis der Druck ausgeglichen ist. Etwas ganz Ähnliches ist soeben in Ihrem Körper geschehen.

Experiment 2: Setzen Sie sich in einen bequemen Sessel, und entspannen Sie bewußt alle Muskeln Ihres Körpers so gut Sie können. Sie brauchen hierfür keine umständlichen Prozeduren. Wünschen Sie ganz einfach, daß sich all Ihre Muskeln entspannen, und lassen Sie es geschehen. Dann versuchen Sie, *ohne die neuerliche Anspannung irgendwelcher Muskeln zuzulassen,* eine starke Emotion irgendeiner Art zu erzeugen. Sie können hierzu auch bildhafte Vorstellungen zu Hilfe nehmen wenn Sie wollen, solange Sie nur Ihre Muskeln nicht anspannen. Versuchen Sie es mit Ärger, mit Furcht, mit Begeisterung, mit allem, was Sie wollen, aber ohne Spannung. Was stellen Sie fest? Wenn es Ihnen wirklich gelungen ist, eine Anspannung Ihrer Muskeln zu verhindern, dann werden Sie entdeckt haben, daß starke Emotionen *unmöglich* sind, während der Körper entspannt ist. Sie können nicht einmal deprimiert sein, wenn Ihre Muskeln wirklich locker sind. Dieses Wissen ist von ungeheurer Bedeutung, denn es liefert Ihnen den Schlüssel zur Macht über Ihre Gedanken und Gefühle.

Spannung und Entspannung

Ich habe weiter oben erwähnt, daß es einige offensichtliche Ausnahmen gibt, was die Beziehung zwischen Muskelspannung und der Art der Emotion angeht, und ich möchte dies nun erläutern. Zuallererst machen Sie sich bitte klar, daß Muskelspannung an sich nicht nachteilig für Sie ist. Ohne Anspannung der Muskeln wären Sie nicht imstande zu irgendwelchen körperlichen Aktivitäten. Sie könnten noch nicht einmal stehen, sitzen oder lächeln. Was aber noch wichtiger ist – Sie haben es vielleicht beim letzten Experiment entdeckt –, auch am Zustandekommen sehr angenehmer Empfindungen ist ein gewisses Maß an Spannung beteiligt. Diese Spannung macht sie erst möglich. Doch was die Empfindungen angenehm macht, ist, daß hier Spannung mit Entspannung gekoppelt auftritt. Während einer angenehmen Empfindung spannen sich manche Muskeln, andere entspannen sich; in kurzer Folge werden dann die gespannten Muskeln gelockert, während andere angespannt werden, bevor auch sie sich wieder entspannen. Es hat den Anschein, daß beispielsweise ein Zustand großer Begeisterung mit sehr viel Spannung verbunden ist. In Wirklichkeit haben wir es hier mit einem großen Maß an gleichzeitiger Spannung und Entspannung zu tun. Kurzum, die angenehme Empfindung hängt mit der Lösung der Spannung zusammen.

Unangenehme Empfindungen

Unangenehme Empfindungen sind mit akuter oder chronischer Spannung verbunden. Ist die Spannung entsprechend stark, so können auch Schmerzen auftreten, denn jeder Schmerz wird durch extreme oder ungelöste Spannung verursacht. Oft geschieht folgendes: Eine Emotion, zum Beispiel Ärger, baut sich auf, und die Muskeln spannen sich; da entscheidet man, daß dieses Gefühl verwerflich, vielleicht gefährlich oder ganz einfach zu unangenehm ist und daß es, aus welchem Grund auch immer, unterdrückt werden muß. Und so versucht man vielleicht, anstatt sie in irgendeiner Weise zu entladen, die Spannung zu unterbinden, indem man sie durch Anspannung anderer Muskeln blockiert. Dann beläßt man den Knoten angespannter Muskeln wie er ist und tut sein Bestes, die unerwünschte Empfindung zu vergessen. Der Körper aber hat sie nicht vergessen. Er kann es nicht, denn die Botschaft ist noch immer in den verhärteten Muskeln eingeschlossen, und *emotionale Botschaften bleiben bestehen, bis sie übermittelt sind.* Übermittelt aber ist eine solche Botschaft, wenn man sie zur Kenntnis genommen hat und zuläßt, daß sie sich ausagiert. Unterbricht man dagegen die Übermittlung durch Verdrängung der Botschaft, so bleibt sie ganz einfach in unseren Muskeln blockiert, bis sie freigesetzt wird. Kehren wir zurück zu unserem hypothetischen Fall. Das nächste Mal, wenn man sich über etwas ärgert, wird man sehr wahrscheinlich auf dieselbe Art reagieren, und die Muskeln werden sich ein bißchen mehr verhärten, die Botschaft wird verdrängt und mehr Energie blockiert. Das ist der Beginn einer chronischen Spannung. Löst sich eine solche chronische Spannung plötzlich, so ergießt sich die Gesamtheit der blockierten Botschaften und Energie. Es entsteht dann der Eindruck, daß die unangenehmen Empfindungen durch diese Entspannung verursacht worden sind. Doch das ist ein scheinbarer und vorübergehender Effekt. Wird die Freisetzung zu Ende geführt, so kommt es im Gegenteil zu einer wohltuenden Befreiung. Dauert eine solche chronische Spannung über lange Zeit an, so kann dies entweder zerstörerische körperliche Symptome oder einen verheerenden emotionalen Ausbruch zur Folge haben.

Äußere Faktoren und Emotionen

Empfindungen werden erzeugt durch geistige Bilder und Gedanken, die auch Veränderungen der Muskelspannung herbeiführen. Doch unsere Gedanken und bildhaften Vorstellungen werden oft beeinflußt durch Geschehnisse und Umstände außerhalb unseres Körpers. Der offensichtlichste Einfluß geht vom Verhalten anderer Menschen aus. Bringt das Verhalten eines anderen uns aus dem Gleichgewicht, so kommt das daher, daß dieses Verhalten in unserem Geist Gedanken und Bilder heraufbeschwört, die ihrerseits Emotionen auslösen. Vor einigen Minuten, als ich gerade an diesem Kapitel arbeitete, rief mich einer meiner Söhne an. Der Junge war aufgebracht, weil sein älterer Bruder durch ein Fenster in seine Richtung Grimassen schnitt. Nicht diese Tatsache machte ihm zu schaffen, denn ich hatte erlebt, daß der Jüngere unter anderen Umständen über derartige Possen lachte. Es war vielmehr die *Idee*, daß der Ältere sich über ihn lustig machte, die ihn aufbrachte. So gerne wir auch das Verhalten anderer für unsere emotionalen Reaktionen verantwortlich machen würden, eine Rechtfertigung gibt es hierfür nicht. Die unmittelbare Ursache ist nicht deren Verhalten. Unmittelbare Ursache sind unsere eigenen Gedanken und Vorstellungen.

Ein nicht so deutlich erkennbarer Einfluß geht, unabhängig von deren Verhalten, von den Empfindungen anderer Menschen aus. Neben der Energie, die durch unseren Körper strömt, ist jeder Mensch umgeben von etwas, was man als »Energiefeld« beschreiben könnte. Dieses Feld enthält vielerlei, darunter Wärme und elektromagnetische Strahlung, gasförmige Chemikalien aus unserem Atem und unseren Körperzellen und dieselbe Lebensenergie, die auch unseren Körper durchströmt. Art und Inhalt dieses Energiefeldes variieren mit unserer Gefühlslage und werden auch beeinflußt von unseren gedanklichen und bildhaften Vorstellungen. Zusätzlicher Einfluß kommt von den Energiefeldern anderer Menschen und deren gedanklichen und bildhaften Vorstellungen. Für praktische Zwecke können wir von einem »emotionalen Feld« sprechen, denn es ist Träger der Botschaften unserer geistigen Bilder und Gedanken. Eigentlich wäre der Ausdruck »emotionale Atmosphäre« angemessener, da hier unser inneres Klima aufs genaueste wiedergegeben wird, vom Sturm bis zur ungetrübten Wetterlage.

Durch das Medium dieser Atmosphäre können wir die Emotionen anderer fühlen, unabhängig von ihrem Verhalten und selbst dann, wenn wir diese Menschen nicht einmal sehen. Selbstverständlich reagieren manche Menschen stärker als andere auf dieses emotionale Feld, wie ja auch nicht alle in gleichem Maße wetterfühlig sind. Doch kann fast jeder die »geladene« Atmosphäre in einem Raum fühlen, in dem starke Emotionen wirksam sind, auch wenn versucht wird, diese mit Höflichkeit zu kaschieren. Viele Menschen können eine solche Atmosphäre selbst dann noch fühlen, wenn diejenigen, die sie verursacht haben, nicht einmal mehr anwesend sind. Ebenso werden starke Emotionen in unserer Umgebung die Tendenz haben, entsprechende Gedanken und Vorstellungen oder Assoziationen zu wecken oder zu verstärken, die in uns leicht ähnliche Emotionen hervorrufen können. So kommt es oft vor, daß sich jemand halb verrückt sucht nach der Ursache einer plötzlichen Angst, Traurigkeit oder welchen Gefühls auch immer, die er in seinem Innern vermutet, während der auslösende Faktor die Gemütslage eines anderen Menschen ist. Ich erfahre dies bisweilen an meinem eigenen Arbeitsplatz. Ich kann mich dem Glauben hingeben, alles sei in bester Ordnung, bis ein emotional aufgewühlter Mitarbeiter im Zimmer nebenan zu arbeiten beginnt. Dann kann ich innerhalb weniger Minuten ohne ersichtlichen Grund selbst reizbar werden. Räumlicher Abstand hat in solchen Fällen wenig Bedeutung, wie Mütter kleiner Kinder bestätigen können. Ein solches »emotionales Hineinversetzen« in einen anderen Menschen ist auch über große Entfernungen hinweg möglich. Es ist am häufigsten zwischen nahen Verwandten, vor allem Zwillingen, und Engvertrauten, kann aber selbst zwischen flüchtig Bekannten vorkommen. Ich saß einmal ruhig und allein an meiner Arbeit, als ich plötzlich ein Angstgefühl empfand und den Drang, mir die Stellenangebote anzusehen. Oberflächlich betrachtet war dies einfach lächerlich, doch der Drang war stark. Innerhalb der nächsten halben Stunde meldete sich ein Freund bei mir, um mir zu sagen, daß er am Morgen seine Stelle verloren habe und mich bitte, ihm bei der Suche nach einer neuen behilflich zu sein. Der Hauptgrund dafür, daß ich auf sein Gefühl ansprach, war wohl, daß mir zu diesem Zeitpunkt meine eigene Tätigkeit noch neu war und ich mich unsicher fühlte. Wir sollten festhalten, daß uns die Empfindungen anderer nur dann erreichen, wenn wir

irgendwo im Hintergrund entsprechende Gedanken oder Assoziationen haben. Am Ende des Kapitels werde ich eine Technik
angeben, die Schutz vor unerwünschtem »Mitfühlen« gewährt.

Der Vollständigkeit halber möchte ich erwähnen, daß auch
auf körperlicher Ebene verschiedene Umstände Einfluß auf unsere Gefühlslage ausüben können. Der Mangel an bestimmtem
Vitaminen und Mineralien, insbesondere an Vitaminen der B-
Gruppe und an Calcium kann zu emotionaler Instabilität beitragen, so daß die Behebung des Mangels eventuell Besserung
bringt. Der Mangel selbst jedoch ist wahrscheinlich in erster Linie
durch streßbezogenes Denken entstanden. In einem solchen Fall
sollte nicht nur das körperliche, sondern auch das gedankliche
Defizit ausgeglichen werden. Die Ionisierung der Atmosphäre ist
ein weiterer Faktor, der unsere Gemütslage beeinflußt, desglei-
chen die Schwankungen der solaren und lunaren Anziehungs-
kraft. Dieses Buch bietet jedoch nicht den Platz, um auf derartige
Faktoren einzugehen. Erwähnt sei nur, daß auch sie nur entsprechend unserer bewußten und unbewußten Auffassungen über
uns und unsere Welt Einfluß auf uns haben können.

Macht über unsere Emotionen

Mit dieser kurzen Zusammenfassung der Auswirkungen unserer
Emotionen als Hintergrund, wollen wir nun zu unserer »Emotivation« zurückkehren. Wie ich zu Anfang dieses Kapitels bereits
sagte, ist Emotivation *die Fähigkeit, die Ausrichtung unserer Emotionen bewußt zu bestimmen,* anstatt uns von ihnen gängeln zu
lassen. Ich werde nun einige der gängigen Techniken beschreiben, mit deren Hilfe wir dies erreichen können.

Tiefes Atmen ist vermutlich die grundlegendste aller verwen-
deten Techniken. Je erregter man ist, umso flacher und rascher
wird im allgemeinen der Atem. Ursache dafür ist die zunehmende Spannung. Langsames, tiefes Atmen kann der Spannung
entgegenwirken und den Energiefluß ausgleichen, so daß die
Erregung schnell abklingt. Wichtig ist, daß *langsam* geatmet
wird, sonst könnten Schwindelgefühle auftreten. Nachdem uns
tiefes Atmen beruhigt hat, können wir klarer über unsere Reaktionen entscheiden.

Sublimierung ist eine alte, in bestimmten Kreisen noch immer populäre Hilfstechnik. Sie läuft einfach darauf hinaus, daß man unangenehme oder nicht wünschenswerte Emotionen auf annehmbare Weise ausdrückt. Ein Beispiel dafür wäre, daß man eine Zeitung aufrollt und damit, anstatt auf den Kopf seines Chefs, auf einen Tisch einschlägt. Seine Gefühle hinauszuschreien, während man allein in seinem Auto sitzt (mit geschlossenen Fenstern bitte!) ist ebenfalls eine gute Hilfe. Eine weitere, ausgezeichnete Alternative besteht darin, Gedanken und Gefühle ausführlich beschreibend in eine Schreibmaschine zu hämmern. Wer weiß, vielleicht entsteht daraus noch ein Bestseller? Sublimierung ist kein Versuch, die Emotionen zu ändern. Es geht vielmehr darum, Gedanken und Bilder zu verwenden, um seine Handlungen zu beeinflussen und andere Ausdrucksmittel zu wählen.

Neuausrichtung oder Transformation beinhaltet, daß gedankliche und bildhafte Vorstellungen zu Hilfe genommen werden, um eine Emotion in eine andersgeartete umzuwandeln. Löst ein Gedanke oder eine bildhafte Vorstellung den Fluß emotionaler Energie aus, so hat dieser normalerweise die Tendenz, seinerseits den Gedanken oder das Bild zu intensivieren, wodurch die Emotionen von neuem stimuliert werden. Es entsteht ein Teufelskreis. Bei einer Neuorientierung nun verändert man bewußt gedankliche und bildhafte Vorstellungen, ohne den Fluß der emotionalen Energie zu stoppen, so daß lediglich die von ihr übertragene Botschaft eine andere wird.

Eine Freundin erzählte kürzlich, wie sie diese Methode gegen ihre Ängste gebrauchte. Sie wollte beruflich etwas Neues beginnen und war voller Ängste. Da sie vertraut war mit dem Gedanken, Emotionen als Energie zu sehen, verwandelte sie ihre Gedanken und Bilder eines möglichen Fehlschlags in Gedanken und Bilder eines Abenteuers auf unbekanntem Terrain und machte so aus ihren Ängsten aufgeregte Erwartung. Diese Technik funktioniert gut bei altgewohnten Emotionen.

Emotionale Induktion macht Gebrauch von gedanklichen und bildhaften Vorstellungen zur Erzeugung von Emotionen, wo sie zu fehlen scheinen. Ich sage »scheinen«, weil Apathie und Langeweile im wesentlichen Angstreaktionen sind und Depression eine Form von unterdrücktem Ärger. Gleichgültigkeit, Faulheit, die Tendenz, alles auf die lange Bank zu schieben und ähnliches können als emotionale Tarnung dienen, die uns davon abhält, das zu tun, was wir eigentlich tun wollen. Da Emotionen durch gedankliche und bildhafte Vorstellungen stimuliert werden, besteht die emotionale Induktion darin, daß bewußt Gedanken und Bilder gewählt werden, die geeignet sind, stark aktivierende emotionale Reaktionen auszulösen, auf die man dann die entsprechende Handlung folgen läßt. Eine der aufrüttelndsten Emotionen ist Zorn, der somit bisweilen ein gutes Mittel gegen emotionale Lethargie ist. Ein zorniger Mensch kann Wunder vollbringen, wie jemand es einmal formulierte. Doch dies bezieht sich auf zum Ausdruck gebrachten Zorn, und zwar speziell auf gerechtfertigten, der darauf abzielt, Unrecht zu korrigieren. Die Gedanken und Bilder, die wir wählen, sollen nicht einfach ein Karussell negativer Gefühle in Gang setzen, sondern uns zum Handeln veranlassen. Ist dies einmal erreicht, so können die Gedanken und Bilder abgewandelt werden, um so den Zorn durch Enthusiasmus zu ersetzen, der Gutes vollbringen will, anstatt nur Unrecht zu rächen. Eine Alternative für den induzierten Zorn ist das Mitgefühl. Ich habe Fälle erlebt, in denen Langeweile und Depressionen wie durch ein Wunder verschwanden, sobald sich das Interesse darauf richtete, anderen bei der Lösung ihrer Probleme zu helfen. Auf sich allein gestellt Emotionen zu induzieren, ist jedoch nicht einfach. Im allgemeinen ist es effizienter, wenn uns ein Freund zur Seite steht, der uns hilft, uns auf die erforderlichen neuen Gedanken und Bilder zu konzentrieren.

Die Beobachtung von Emotionen ist eine Technik, die Übung erfordert, denn sie setzt voraus, daß man einerseits seinen Emotionen freien Lauf läßt und sich andererseits von ihnen nicht zu unerwünschtem und ineffizientem Handeln anstacheln läßt. Das bedeutet zuallererst, daß die Emotionen als das erkannt werden müssen, was sie wirklich sind: ein Fluß von Trägerenergie für die Übermittlung von Botschaften und nicht mehr. Wir müssen aufhören, uns mit ihnen zu identifizieren, und Abstand gewinnen, eine Art »Mal-sehen-was-geschieht-Haltung« entwickeln. Für den Anfang ist es hilfreich, wenn man sich beispielsweise abgewöhnt, zu sagen »ich bin wütend«, und diese Formulierung ersetzt durch »ich empfinde Wut«, was ohnehin zutreffender ist. Wenn man imstande ist, Emotionen zu *fühlen*, anstatt sie zu *sein*, kann man beginnen, darauf zu achten, was sie einem zu sagen haben. Durch Beobachtung der Gedanken, die uns bei einer Emotion kommen, können wir die Ideen und Bilder entdecken, die ihr zugrunde liegen. Ist die Emotion einmal abgeebbt, so können wir den Entschluß fassen, diese Ideen und Bilder umzuformen.

Eine weitere Technik, die Übung erfordert, ist die bewußte Muskelentspannung. Sie setzt voraus, daß man lernt, seinem Körper Aufmerksamkeit zu schenken, und insbesondere auf den Grad der Muskelspannung zu achten. Mit einiger Übung gelingt es, die Entwicklung dieser Spannung gleichzeitig mit dem Aufkommen der Emotion wahrzunehmen. Man kann dann bewußt seine Muskeln entspannen und so eine Verteilung der emotionalen Energie ermöglichen. Auf diese Art erhält man die Botschaft ohne die entsprechende Reaktion. Aus diesem Grunde funktioniert die Technik der Muskelentspannung sehr gut in Verbindung mit der Beobachtung der Emotionen. Man sollte sich klar darüber werden, daß die Energie nicht einfach verschwindet! Sie verteilt sich im Körper als reine Energie und ist zur Wiederverwendung verfügbar.

Übungen

Es folgen ein paar praktische Übungen, die Ihnen helfen sollen, Ihre Fähigkeiten auf dem Gebiet der Emotivation zu entwickeln.

Übung 1: Die folgende Atemübung haben viele meiner Schüler als äußerst wirksam empfunden. Sie wird Ihnen sehr viel bringen vor einem Treffen, bei dem Sie ruhig bleiben wollen, oder nach einem Gefühlsausbruch, dessen Auswirkungen Sie noch fühlen, oder auch ganz einfach, wenn Sie allein und nervös oder aus dem Gleichgewicht sind.

Setzen Sie sich bequem hin, und legen Sie Ihre Hände in den Schoß, entweder mit den Handflächen nach oben oder so, daß sich die Fingerspitzen berühren. Atmen Sie aus, und verfahren Sie dann wie folgt:

1. Atmen Sie ein und wiederholen dabei »loslassen, loslassen, loslassen, loslassen«.

2. Halten Sie den Atem an und wiederholen Sie dabei in Gedanken »loslassen, loslassen, loslassen, loslassen«.
3. Atmen Sie aus unter der Wiederholung »entspannen, entspannen, entspannen, entspannen«.
4. Atmen Sie ein und halten Sie den Atem an, wobei Sie wiederholen »entspannen, entspannen, entspannen, entspannen«.
5. Wiederholen Sie diesen Vorgang viermal, und zwar *langsam*. Danach atmen Sie normal weiter.

Mit einer alternativen Wortwahl können Sie, wenn Sie wollen, einen etwas anderen Effekt erzielen. In diesem Fall machen Sie Ihre Atemübungen etwa zu den Worten »ein Mops, zwei Möpse, drei Möpse, vier Möpse«. Versuchen Sie es. Wenn Sie nicht gerade ernstlich aus Ihrem seelischen Gleichgewicht sind, werden Sie über diese Absurdität lachen, noch bevor Sie die Übung beendet haben. Und Lachen ist die allerbeste Entspannung.

Übung 2: Diese Übung soll Ihnen helfen, sich klarzumachen, welch mächtigen Einfluß bildhafte Vorstellungen auf Ihre Emotionen haben. Zunächst einmal stellen Sie eine Liste der verschiedenen Emotionen auf, wobei Sie vermerken, welche Sie als negativ beziehungsweise positiv betrachten. Dann geben Sie in einer weiteren Spalte Ihrer Liste zu jeder aufgeführten Emotion die kurze Beschreibung einer Szene oder Begebenheit aus Ihrer Erinnerung, die der jeweiligen Emotion am nächsten kommt. Um sich die Aufgabe zu erleichtern, können Sie die positiven und die negativen Gefühle auf zwei getrennten Blättern auflisten. Anschließend suchen Sie sich ein ruhiges Eckchen, nehmen sich eine der negativen Emotionen aus Ihrer Liste vor und lassen Ihre visuelle Vorstellungskraft bei der entsprechenden Szene oder Begebenheit verweilen, bis Sie die damit assoziierte Emotion in sich aufwallen fühlen. Sobald Ihnen dies gelungen ist, wählen Sie eine der positiven Emotionen und verweilen auch hier bei der entsprechenden Szene oder Begebenheit, bis die neue Emotion in Ihnen aufzusteigen beginnt. Bewegen Sie sich auf diese Weise hin und her zwischen Ihren Emotionen und Erinnerungen, bis Sie die ganze Liste durchgearbeitet haben, und schließen Sie das Ganze auf jeden Fall mit einer positiven Emotion ab. Nehmen Sie während des ganzen Vorgangs wahr, wie Ihre Emotionen auf die Vorstellungen reagieren, auf die Sie sich gerade konzentrieren. Durch diese Art direkter Erfahrung werden Sie schnell lernen, wie Ihre Gefühle von Ihrem Geist gelenkt werden, und wie Sie diese Lenkung willentlich benutzen können. Wählen Sie einige Ihrer bevorzugten Szenen oder Erlebnisse, diejenigen, die die stärksten positiven Empfindungen in Ihnen auslösen, und notieren Sie sie auf einer Karte, die Sie bei sich tragen und nachlesen können, bis die Inhalte schnell zugänglich geworden sind. Wann immer Sie dann bemerken, daß ungute Gefühle Sie herunterzuziehen beginnen, erinnern Sie sich an eine solche Szene oder Begebenheit und verweilen bei ihr, bis sich Ihre Stimmung gewandelt hat und Sie in der Lage sind, sich mit der Ursache der vorangegangenen Emotion auseinanderzusetzen. Wenden Sie diese Technik an, um Ihren Energiefluß zu reinigen, nicht aber als Mittel, um vor Dingen zu fliehen, denen Sie sich stellen müssen.

Übung 3: Diese einfache Übung soll Ihnen helfen, zu lernen, wie Sie Ihre Gefühle indirekt durch Entspannung Ihrer Muskeln beeinflussen können. Nehmen Sie eine bequeme Körperhaltung ein und üben Sie, jeden einzelnen Muskel Ihres Körpers anzuspannen und loszulassen. Beginnen Sie am Kopf und üben Sie die Anspannung/Entspannung von Stirn, Augen, Wangen, Mund und so weiter. Arbeiten Sie sich langsam und sorgfältig von oben nach unten voran, bis Sie bei Ihren Zehen angelangt sind. Sie brauchen Ihre Muskeln dabei nicht stark anzuspannen, sondern nur gerade so weit, daß Sie sie fühlen können, wenn Sie loslassen. Achten Sie genau darauf, denn durch diese Übung wollen Sie lernen, wie sich Ihre Muskeln anfühlen, wenn sie gespannt beziehungsweise entspannt sind und wie sich der Übergang von dem einen Zustand zum anderen anfühlt. Dank dieser Übung werden Sie deutlicher erkennen, was im Verlauf eines Arbeitstages mit Ihren Muskeln vor sich geht, insbesondere dann, wenn er Konfrontationen mit anderen Leuten mit sich bringt. Und Sie werden in der Lage sein, Spannungen zu lösen, bevor sie sich richtig aufbauen können. Gut wäre es auch, wenn Sie lernen würden, darauf zu achten, was Sie selbst und andere sagen und tun, und was geschieht, wenn sich Ihre Muskeln anspannen. Das würde Ihnen einen wertvollen Anhaltspunkt für die Gedanken und geistigen Bilder geben, mit denen Sie reagieren und die Sie vielleicht ändern möchten.

Übung 4: Diese letzte der Emotivationsübungen hat die Schaffung eines »geistigen Schutzschildes« zum Gegenstand. Sie besteht darin, daß Sie mit Hilfe Ihrer pantomimischen Imagination einen Mantel aus Licht schaffen, der Sie ganz einhüllt. Es gibt hierfür mehrere Varianten. Ich empfehle Ihnen, sich über Ihrem Kopf zunächst einen Lichtkranz vorzustellen und dann eine Flut von wohltuendem, farbigem Licht, die ringsum von diesem Lichtkranz herabströmt. Sie können hierfür jede Farbe wählen, die Sie möchten. Die Mehrzahl der Leute, mit denen ich bisher gearbeitet habe, fanden Gold oder Rosa am geeignetsten. Um diese Übung noch wirkungsvoller zu machen, führen Sie die ersten Male vorher Übung 1 durch. Während Sie entspannt sind, visualisieren Sie Ihren Schild und sagen sich dabei in etwa: »Dieser Schild schützt mich vor allen unerwünschten Einflüssen. Er läßt nur durch, was gut für mich ist.« Von da an wird es genügen, einen tiefen Atemzug zu tun, das Wort »Schild« auszusprechen und sich diesen vorzustellen. Dieser geistige Schutzschild hat den Zweck, Sie notfalls vor den Auswirkungen der emotionalen Energiefelder anderer zu schützen. Da gedankliche und bildhafte Vorstellungen Einfluß auf Emotionen und Verhalten haben, werden Gedanke und Vorstellung dieses Schutzschildes Ihre emotionalen und körperlichen Reaktionen beeinflussen, so daß Sie weniger empfänglich für die Emotionen anderer sein werden. Ich schlage vor, daß Sie, sobald Sie einige Übung haben, den Schutzschild immer dann verwenden, wenn Sie plötzliche, unbegründete Angst empfinden oder sonstige unerwünschte Emotionen, ja selbst bei einem plötzlichen unerklärlichen Schmerz. Handelt es sich bei diesen Empfindungen lediglich um die Auswirkungen von Problemen anderer, so werden sie daraufhin rasch abflauen oder ganz verschwinden. Wirkt Ihr Schutzschild dagegen nicht, obwohl Sie Übung in dieser Technik haben, wissen Sie, daß die Ursachen in Ihnen selbst zu suchen sind. Wenn Sie mit dieser Technik der mentalen Abschirmung nicht bereits vertraut waren, werden Ihnen, denke ich, einige erfreuliche Überraschungen bevorstehen, besonders im Umgang mit Leuten, die Sie für gewöhnlich aus Ihrem seelischen Gleichgewicht bringen.

KAPITEL 4

Konzentration als Werkzeug

Konzentration ist nichts anderes als anhaltende Aufmerksamkeit. Das bedeutet ganz einfach, daß Sie sich geistig auf eine Sache ausrichten und zwar unter Ausschluß aller anderen. Es ist ein Werkzeug, mit dem Sie schon vertraut sind, denn Sie verwenden es bei vielen Tätigkeiten, zum Beispiel wenn Sie ein interessantes Buch lesen, einen guten Film oder ein gutes Fernsehprogramm sehen, oder wenn Sie ganz in einem Hobby oder irgendeinem Projekt aufgehen. Konzentrieren Sie Ihre ganze Aufmerksamkeit auf das, was Sie gerade tun, so werden Sie höchstwahrscheinlich blind und taub für alles und alle um Sie herum, auch für Leute, die Sie zum Essen rufen. Das Interesse, das Sie einer Sache entgegenbringen, ist ausschlaggebend dafür, wie gut Sie sich darauf konzentrieren können. Konzentration und Interesse (Sie könnten es auch Motivation nennen) gehen Hand in Hand. Und so lautet denn eine allgemeine Regel: Je lieber Sie etwas mögen, oder je mehr Sie sich dafür interessieren, umso leichter konzentrieren Sie sich darauf; je weniger Sie etwas mögen, oder je geringer Ihr Interesse dafür ist, umso schwerer fällt Ihnen die Konzentration.

Kinder verfügen über ein geradezu unglaubliches Konzentrationsvermögen. Wenn Sie daran zweifeln, dann versuchen Sie, ein Kind zu rufen, das gerade in ein aufregendes Spiel vertieft ist, damit es sein Zimmer aufräumt. Wenn Sie nicht gerade Gewalt anwenden oder in sein Ohr brüllen, wird es nahezu unmöglich sein, seine Konzentration zu brechen. Im Ernst: Es ist durchaus möglich, daß das Kind Ihr Rufen keineswegs bewußt ignoriert. Es hat ganz einfach alles ausgeblendet, was weniger interessant ist als sein Spiel. Sprechen wir davon, daß sich ein Kind nicht konzentrieren kann, so meinen wir damit im allgemeinen, daß es sich nicht auf das konzentrieren *will*, was wir von ihm erwarten. Es wird seine Sache ganz ausgezeichnet machen, wenn es darum geht, sich auf etwas zu konzentrieren, was es interessiert. Nachdem ich einmal erfolglos versucht hatte, die Konzentration meines, in ein Spiel vertieften jüngsten Sohnes zu durchbrechen, machte ich aus wissenschaftlichem Interesse folgenden Versuch: Ich ging zu einer Innenhoftür, zwei Zimmer weiter, und sagte, ohne die Stimme zu erheben, zu meiner Frau: »Ich möchte wissen, ob eines von den Kindern gern einen Dollar hätte«. Augenblicklich tönte eine Kinderstimme aus dem Spielzimmer: »Ich!« Dies führt zu einem weiteren Axiom: Es besteht die Tendenz, die Konzentration automatisch auf den Gegenstand des stärksten persönlichen Interesses auszurichten.

Was die Konzentration erschwert

Die meisten Leute scheinen mit der Idee aufgewachsen zu sein, daß Konzentration harte Arbeit ist und große Anstrengung erfordert. Wenn ich Sie bitten würde, mir jemanden in tiefer Konzentration zu beschreiben, so käme vermutlich das Bild eines Menschen mit zusammengepreßten Lippen und gerunzelter Stirn heraus. Es würde der Eindruck geweckt, daß sich hier jemand abmüht, etwas zu tun, was er eigentlich gar nicht tun möchte. Ich habe den Verdacht, daß dieses Klischee aus unserer Schulzeit stammt, wo wir angewiesen wurden, uns auf unsere Lernarbeit zu konzentrieren, anstatt auf die vielen anderen Dinge, die wir viel lieber getan hätten. Doch, wie ich bereits sagte, konzentrieren Sie sich schon, wenn Sie Ihre Aufmerksamkeit mehr als ein paar Augenblicke auf ein und dieselbe Sache richten. Sie werden vielleicht fragen, wo ich die Grenze ziehe zwischen bloßer, flüchtiger Aufmerksamkeit und der anhaltenden Aufmerksamkeit, die man Konzentration nennt. Nun, diese Grenze ist verwischt. Doch um ein klares Konzept zu haben, mit dem wir arbeiten können, werde ich Konzentration willkürlich definieren als Aufmerksamkeit, die länger als dreißig Sekunden auf einen bestimmten Gegenstand gerichtet bleibt. Finden Sie, daß dies gar zu einfach klingt? Versuchen Sie dann folgendes:

Experiment: Nehmen Sie ein Bild aus einer Zeitschrift oder eines, das eventuell an Ihrer Wand hängt, und betrachten Sie es eine Minute lang aufmerksam. Damit Sie nicht abgelenkt werden, ist es vielleicht gut, wenn Sie jemanden bitten, die Zeitmessung zu übernehmen, oder aber Sie verwenden einen Küchenwecker. Als nächstes suchen Sie das kleinste Objekt in Ihrem Bild und widmen ihm eine Minute lang Ihre volle Aufmerksamkeit, ohne den Rest des Bildes zu beachten, und ohne Gedanken aufkommen zu lassen, die nichts mit dem Objekt zu tun haben. Sie werden bemerken, daß es Ihnen ziemlich leicht fiel, Ihre Aufmerksamkeit bei dem ganzen Bild zu halten, daß es jedoch bei dem einzelnen Objekt schon schwieriger war. Hieraus können wir weitere Axiome über Konzentration ableiten: Je größer der Bereich ist (d. h. je mehr Gegenstände vorhanden sind, die unsere Aufmerksamkeit erregen können), umso leichter fällt es, sich darauf zu konzentrieren; je kleiner er ist (d. h. je weniger Gegenstände er enthält, die unsere Aufmerksamkeit erregen), umso schwerer fällt uns die Konzentration. Sie werden noch ein weiteres Axiom entdeckt haben: Je schwieriger es Ihrer Meinung nach ist, sich zu konzentrieren, umso schwieriger wird es tatsächlich.

Nun ist Konzentration ein sehr wertvolles geistiges Instrument, denn sie erzeugt verschiedene seltsame Effekte, aus denen wir praktischen Nutzen ziehen können. Drei der wichtigsten sollen in den folgenden drei Abschnitten beschrieben werden.

Veränderte Bewußtseinszustände

Das Gehirn ist ein großartiger lebender Computer, dazu bestimmt, eine immense Menge Informationen aus vielerlei Quellen zu verarbeiten. Werden die gewohnten Informationsquellen unserer Umwelt dadurch verringert, daß der Bereich unserer Aufmerksamkeit länger als einige Augenblicke eingeengt wird (Konzentration), so führt dies leicht zu einer Veränderung der Funktionsweise unseres Bewußtseins. In einem solchen Fall wird aus einem gegebenen Fokus mehr Information gewonnen als gewöhnlich, oder aber es wird Information aus ungewohnten Quellen aufgenommen. Diese andere Funktionsweise wird heutzutage als »veränderter Bewußtseinszustand« bezeichnet und umfaßt Bereiche wie hypnotische Trance, meditative Bewußtseinszustände und sogar unseren normalen Schlaf. Auch beim Tagträumen ist unser Bewußtsein verändert, und manche Menschen geraten beim Lesen oder Fernsehen in einen veränderten Bewußtseinszustand. Ist es Ihnen je geschehen, daß Sie ein Buch lasen und plötzlich bemerkten, daß Sie keine Ahnung vom Inhalt der letzten Abschnitte oder Seiten hatten, dann haben auch Sie diese Erfahrung gemacht.

Auf der ganzen Welt haben Menschen verschiedener Zeiten und Kulturen diesen Effekt bewußt hervorgerufen, um aus vielerlei Gründen, darunter auch gesundheitlichen, unterschiedliche Bewußtseinszustände zu erfahren. Sämtliche zu diesem Zweck angewandten Techniken beruhen darauf, daß der Bewußtseinsfokus über längere Zeit eingeengt wird, bis das Gehirn sozusagen »einen anderen Gang einlegt«. Das gebräuchlichste Mittel ist die Konzentration auf ein einzelnes dreidimensionales Objekt (eine Blume oder einen Kristallkörper), auf eine Zeichnung (insbesondere geometrische Formen), auf eine statische oder monotone bildhafte Vorstellung oder aber auf sich wiederholende Worte oder musikalische Rhythmen.

Um eine möglichst große Wirkung zu erzielen, muß der Fokus so stark eingeengt werden, daß man nicht einmal mehr analysiert worauf man sich konzentriert – man »erlebt« es einfach. Genau das tun wir auch, wenn wir einschlafen. Wir schränken den Bereich unserer bewußten Aufmerksamkeit ein, bis unser Gehirn auf einen anderen Modus des Gewahrseins umschaltet. Derselbe Effekt steckt hinter dem alten Hausmittel, Schafe zu zählen, um einschlafen zu können. Die monotone Regelmäßigkeit der nacheinander über den Zauntritt springenden Schafe veranlaßt das Gehirn umzuschalten. Das Einmaleins kann denselben Zweck erfüllen. Das Problem der meisten, unter Schlaflosigkeit leidenden Menschen ist, daß sie in wahlloser Reihenfolge über viele verschiedene Dinge nachdenken, analysieren, urteilen, planen, bewerten und so weiter, so daß ihr Gehirn aktiv bleibt. Das Mittel dagegen ist ganz einfach, daß man seine Gedanken auf eine Sache konzentriert, sei es nun ein Fleck an der Wand, ein geistiges Bild oder ein Musikstück, wie zum Beispiel den »Bolero« von Ravel. Der Schlaf hat eindeutig therapeutische Wirkung. Doch auch verschiedene veränderte Bewußtseinszustände, bei denen man wach bleibt, können Nutzen für die Gesundheit bringen.

Der Informationsfluß

Ich habe noch ein weiteres Axiom für Sie: Die Konzentration auf bestimmte Gedanken, Bilder oder Einsichten hat die Tendenz, gleichartige Gedanken, Bilder oder Einsichten zu stimulieren. Wir wollen in diesem Zusammenhang »Einsicht« definieren als Gedanken oder Bilder, die uns Informationen vermitteln, an die wir vorher nicht gedacht hatten.

Um den Effekt des Informationsflusses zu erzielen, muß der Fokus etwas weniger eingeengt werden als für eine Änderung des Bewußtseinszustandes. Die Technik besteht darin, daß die Idee oder das Bild festgehalten und gleichzeitig Gedanken zum selben Thema Zugang zu unserem Bewußtsein gewährt wird. Kreative Wissenschaftler, Erfinder, Schriftsteller und Kunstschaffende machen hiervon Gebrauch. Eine Zeitlang war diese Technik auch in der Geschäftswelt populär unter der Bezeichnung »Brainstorming«. Einer Gruppe von Leuten wurde ein Problem dargelegt, worauf die Teilnehmer Lösungen ausspuckten, so schnell sie nur konnten, ohne Rücksicht darauf, wie dumm oder verrückt diese scheinen mochten. Das Konzept dahinter besagt, daß die Wahrscheinlichkeit brauchbarer, wenn auch unorthodoxer Lösungen umso größer ist, je uneingeschränkter der Gedankenfluß sein kann.

Der Informationsflußeffekt ist von Wert für kreative Inspiration und Problemlösung. Doch das ist nicht alles; er verhilft zu besserem Verständnis jedweden Gegenstands unserer Konzentration. In alten Zeiten war er das primäre Mittel wissenschaftlicher und philosophischer Erforschung der Natur, was den Vorteil hatte, daß Leben nicht zerstört werden mußte, um es erforschen zu können. Heute ist diese Methode so etwas wie eine verlorengegangene Kunst, die nur noch von wenigen praktiziert wird, obwohl sie nach wie vor allen zur Verfügung steht. Das beste Beispiel, das mir für ihre Verwendung in der Moderne einfällt, ist Luther Burbank, der »Zauberer des Gartenbaus«. Die Autoren Tompkins und Bird zitierten ihn in *The Secret Life of Plants* (deutscher Titel: *Das geheime Leben der Pflanzen*) mit der Aussage, seine Kunst sei im Grunde »eine Sache der Konzentration und des raschen Aussortierens von Unwesentlichem«. Und all seine Wunder vollbrachte er ohne Laboratorium.

Der Reproduktionseffekt

Dieser Effekt ist meiner Meinung nach der wichtigste von allen und zugleich der merkwürdigste, der alltäglichste und derjenige, an den zu glauben am schwersten fällt, wenn man zum ersten Mal davon hört. Er basiert auf folgendem Axiom: Die Konzentration auf eine gegebene Idee oder Vorstellung führt dazu, daß in der dreidimensionalen Erfahrungswelt das dieser Idee oder Vorstellung am nächsten kommende Äquivalent reproduziert wird. In anderen Worten: Die Art der Gedanken, bei denen wir verweilen, bestimmen weitgehend unsere Lebenserfahrung. Oder, um es nochmals anders zu formulieren, die Lage, in der wir uns befinden, und die Erfahrungen, die wir in unserem Leben machen, sind das Spiegelbild unserer beharrlichsten Gedanken. Glauben Sie mir, das ist keine mystische Symbolik, sondern eine nachweisbare Tatsache. Seltsamerweise scheint kaum jemand diese Lehre ernst zu nehmen, die doch eine der ältesten der Menschheit ist. Sonst würden die Leute nicht ihre Eltern, die Gesellschaft, das Fernsehen, Gott oder wen beziehungsweise was auch immer für ihre Lage verantwortlich machen. Wie das Prinzip funktioniert, ist noch offen, obwohl es jede Menge Theorien darüber gibt, von der telepathischen Anziehung bis zur unbewußt induzierten Motivation. Doch wir wollen die Theorien beiseite lassen. Wesentlich ist, daß es funktioniert, und daß wir den Beweis dafür selbst erbringen können.

Wir brauchen hierfür eine Konzentration, bei der wir an einem deutlichen geistigen Bild oder Gedanken festhalten, ohne zu analysieren und ohne uns von ihm in einen anderen Zustand des Gewahrseins versetzen zu lassen. Meiner Erfahrung nach ist die pantomimische Imagination für diesen Zweck am geeignetsten, denn sie läuft darauf hinaus, daß unsere Konzentration in vollem Wachzustand aufrechterhalten wird. Sie können auch die bildhafte Imagination verwenden, doch kann es hierbei länger dauern, bis sich die Auswirkungen in unserer dreidimensionalen Erfahrungswelt zeigen, auch kann sie leichter zu Bewußtseinsveränderungen oder Informationsfluß überleiten. Spezielle Möglichkeiten, den Reproduktionseffekt zum Zweck der Heilung einzusetzen, sollen in Teil II dieses Buches besprochen werden. Für den Augenblick möchte ich nur einige

Beispiele aus meiner eigenen Erfahrung anführen, um Ihnen zu zeigen, was geschehen kann.

Nach einer Tagung in einem großen Hotel entdeckte ich, daß ich eine teure Aktentasche dort zurückgelassen hatte. Ich ging zurück, doch die Aktentasche war nirgends zu sehen. So hinterließ ich eine Nachricht bei der Verwaltung, mit der Bitte, nach ihr zu suchen. Als ich am nächsten Tag anrief, sagte man mir, daß sie gefunden worden sei. Doch stellte sich heraus, daß es sich um eine fremde Aktentasche handelte. Ich bat, weiterhin Ausschau zu halten, doch hatte man im Hotel nicht viel Hoffnung, die meinige nach zwei Tagen noch zu finden. Ich hätte nun beschließen können, aufzugeben und mich mit dem offensichtlichen Verlust abzufinden. Doch stattdessen wurde ich ärgerlich und weigerte mich, die Tatsache zu akzeptieren. Während der beiden folgenden Tage stellte ich mir *lebhaft* vor, die Aktentasche sei wieder in meinem Besitz und schloß alle Zweifel daran aus, daß ich sie zurückbekommen würde. Dann rief ich das Hotel nochmals an und erfuhr, daß sie tatsächlich gefunden worden war. Sie stand deutlich sichtbar an einer Stelle, wo sowohl das Personal als auch ich bereits gesucht hatten. Hatte sie sich einfach so aus der Luft heraus materialisiert? Höchstwahrscheinlich nicht. War es ein zufälliges Zusammentreffen von Umständen? Meine Schüler und ich haben zu viele Erfolge mit dem Reproduktionseffekt erlebt, um noch an Koinzidenzen glauben zu können.

Nun wird, bedingt durch die Umstände wie auch durch unsere Intentionen, der Reproduktionseffekt im allgemeinen erst einmal *das nächste verfügbare Äquivalent* unserer Vorstellung in Erscheinung treten lassen. Dieses Äquivalent kann irgend etwas sein, was Ähnlichkeit mit unserer Vorstellung hat, zum Beispiel ein entsprechendes Bild, jemand, der über den Gegenstand unserer Vorstellung spricht, oder auch dieser Gegenstand selbst im Besitz eines anderen. So stellte ich mir zum Beispiel einmal vor, ich hätte zehntausend Dollar in der Hand und zwar so deutlich, daß ich die Scheine förmlich fühlen konnte. Innerhalb weniger Tagen ergab es sich, daß ich im Auftrag einer Organisation, für die ich arbeitete, eben diese Summe bei einer Bank abheben mußte. Ich hatte das Geld in meinen Händen, doch es war nicht meines! Bei einer anderen Gelegenheit, als ich gerade über den Reproduktionseffekt nachdachte, stellte ich mir, nur um zu sehen was geschehen würde, etwas ganz Ausgefallenes vor – eine blaue Nelke. Vier Tage später erzählte mir meine Frau von einem Mann, der seiner Frau immer blaugefärbte Nelken zum Geburtstag schenkte, passend zu ihren Augen.

Drei Tage oder etwas mehr scheint die durchschnittliche »Tragezeit« für den Reproduktionseffekt zu sein, obwohl er oft auch schneller auftreten kann. Ob unsere Vorstellung nun als Bestandteil unserer persönlichen Erfahrung und/oder unseres persönlichen Besitzes reproduziert wird oder nicht, hängt in hohem Maße ab von der Intensität unserer Vorstellung, von unserer Absicht, sie zu verwirklichen und von unserer Ausdauer. Der Reproduktionseffekt der Konzentration ist ein ausnehmend wertvoller Bestandteil unseres geistigen Instrumentariums im Dienste der Gesundheit.

Übungen

Die nachstehenden praktischen Übungen sollen Ihnen helfen, sich in verschiedenen Formen der Konzentration zu üben.

Übung 1: Zeichnen Sie auf ein weißes Blatt Papier konzentrische Kreise oder eine Spirale mit ungefähr sieben Windungen und einem Durchmesser von etwa fünf Zentimeter. Machen Sie sich nichts daraus, wenn Ihre Zeichnung nicht perfekt ist. Setzen Sie sich irgendwo allein und bequem hin, nehmen Sie das Blatt in die Hand und schauen Sie sich Ihre Spirale ganz einfach etwa fünf Minuten lang an (Zeitmessung ist nicht notwendig). Sie dürfen dabei ruhig blinzeln oder, wenn Sie wollen, Ihre Augenlider senken. Je weniger Sie dabei an was auch immer denken, umso besser. Versuchen Sie jedoch nicht, Zwang auszuüben. Lassen Sie Ihre Gedanken vorbeiziehen, während Sie Ihre Aufmerksamkeit ruhig auf die Spirale richten. Nach etwa fünf Minuten schließen Sie die Augen und lassen Ihren Gedanken freien Lauf, während Sie beobachten, was Sie sehen, hören und fühlen. Öffnen Sie die Augen, wann immer Ihnen danach zumute ist.

Diese Übung wird Sie schnell in einen veränderten Bewußtseinszustand versetzen, und es kann sein, daß Sie dabei interessante Erfahrungen machen. Während Sie die Spirale betrachten, mag es Ihnen scheinen, als bewegte sie sich, als gingen flitzende oder wellenförmige Bewegungen über ihre Oberfläche. Es kann auch sein, daß Sie plötzliche Bewegungen in der Peripherie Ihres Blickfeldes wahrnehmen und sich Prickeln, Taubheit und/ oder ein wunderbares Gefühl der Entspannung in Ihrem Körper bemerkbar macht. Auch ein klingendes oder zischendes Geräusch kann vorkommen. Wenn Sie Ihre Augen schließen, können Sie eventuell farbiges Licht und Formen wahrnehmen. Sie können auch eine traumähnliche Folge von Ereignissen erleben. All das bedeutet nicht, daß Ihre Sinne Sie »narren«. Sie haben nur Ihren Wahrnehmungsfokus verlagert, so daß Ihnen nun Daten zugänglich sind, die Sie normalerweise ignorieren. Selbstverständlich können Ihre Erfahrungen ganz andere sein, als ich beschrieben habe. Sie können auch gar nichts erleben oder sogar einschlafen. Erleben Sie nichts, so brauchen Sie mehr Übung; schlafen Sie ein, so brauchen Sie mehr Schlaf.

Übung 2: Wählen Sie für diese Übung ein »großes« Thema, wie Leben, Liebe, Geld, Freundschaft, Sexualität, Freude, Macht, Gesundheit oder ein sonstiges, das Sie interessiert und auch für andere von potentiellem Interesse ist. Entspannen Sie sich in bequemer Haltung und fragen Sie sich: »Was ist . . . ?« Lassen Sie Ihre Gedanken fünf bis zehn Minuten lang um den gewählten Gegenstand kreisen. Was Sie hiermit in Gang zu bringen suchen, ist eine Art innerer Dialog, den bildhafte Vorstellungen anregen, doch nicht ersetzen sollen. Scheint der innere Dialog abzureißen, so stimulieren Sie ihn mit weiteren Fragen, wie zum Beispiel »Was ist es außerdem?« oder »Warum bin ich dieser Ansicht?« oder »Was denken andere darüber und warum?«.
Es ist ein echter Konzentrationstest, denn wenn Sie nicht gewohnt sind, sich unbegrenzte Zeit unbefangen auf eine Idee zu konzentrieren, so werden Sie wahrscheinlich die Erfahrung machen, daß Ihre Aufmerksamkeit schnell »von der Spur abkommt« und Sie über alles nachdenken, nur nicht über den gewählten Gegenstand. Ist dies der Fall, so kehren Sie einfach ruhig zu Ihrem Hauptthema zurück, sobald Sie feststellen, daß Sie davon abgekommen sind. Diese Übung kann als erfolgreich angesehen werden, wenn Sie neue Einsichten über das betreffende Thema gewonnen haben oder wenn Sie sich an etwas

Wichtiges oder Positives dazu erinnert haben, das Ihnen entfallen war.

Übung 3: Mit Hilfe dieser Übung sollen Sie lernen, den Reproduktionseffekt der Konzentration wahrzunehmen. Sie brauchen nur einen ziemlich ungewöhnlichen Gegenstand zu wählen und sich auf diesen zu konzentrieren. Einige Beispiele, die Sie zu Gedanken anregen könnten, wären vielleicht ein Tausendmarkschein, ein Ford Modell T, ein Drachen, ein weißer Elefant, eine blaue Rose oder was auch immer. Machen Sie es sich bequem, und vergegenwärtigen Sie sich den Gegenstand mit Hilfe der pantomimischen Imagination volle fünf Minuten lang so deutlich und mit so vielen sensorischen Einzelheiten wie Sie nur können. Sie werden merken, daß es leichter ist, sich den Gegenstand entweder in Bewegung vorzustellen (z.B. den Elefanten) oder die Vorstellung »pulsieren« zu lassen (d.h. sich im Wechsel ein deutliches Bild zu machen und es verblassen zu lassen). Wenn Sie sich gut konzentriert haben, wird der Gegenstand *auf irgendeine Weise* in Ihrer Umgebung auftauchen. Ich empfehle, eine Wartezeit von ungefähr drei Tagen anzusetzen. Es könnte auch ein wenig kürzer oder länger dauern. Tritt er dann in Erscheinung, so werden Sie einen wundervollen Schock der Freude und Überraschung empfinden. Es wird Ihr erster überzeugender Beweis für die Macht des Geistes über die Materie sein.

KAPITEL 5

Suggestive Affirmation als Werkzeug

Eine Affirmation ist eine positive, zuversichtliche Aussage. Ich spreche von einem geistigen »Werkzeug«, da eine solche Aussage Wollen und bewußte Entscheidung voraussetzt, und da sie Gedanken repräsentiert, die Emotionen, Verhalten und Gesundheit beeinflussen. Obwohl man selbstverständlich auch gegenüber anderen und über andere affirmative Aussagen machen kann, beziehe ich mich hier auf die Aussagen, die man gegenüber und über sich selbst macht. Wir tun dies ständig, aber ich möchte Ihnen helfen, sich dessen bewußter zu werden, damit wirklich ein Werkzeug daraus wird und nicht nur eine halbbewußte Gewohnheit.

Bei dem Ausdruck »affirmative Aussage« denkt man im allgemeinen an verbale Aussagen, doch auf ihre Weise können auch Haltung und Gesten solche Aussagen sein. In den beiden folgenden Abschnitten möchte ich sowohl die verbale Affirmation als auch die Körpersprache behandeln.

Verbale Affirmation

Unsere Meinung über uns selbst oder verschiedene Aspekte unseres Lebens werden durch unsere Sprechweise zum Ausdruck gebracht. Unter »Sprechweise« verstehe ich hier nicht die Art zu sprechen, sondern die Wörter und Formulierungen, die wir gewohnt sind, zur Beschreibung unserer Person und unserer Gefühle zu gebrauchen. Oft werden diese so sehr zur Gewohnheit, daß wir es nicht einmal mehr merken, wenn wir sie aussprechen. Ich habe mit vielen Leuten gesprochen, die ihre positive Einstellung betonten, während ihr Leben ein Chaos war. Doch im Laufe einer solchen Unterhaltung entschlüpft ihnen dann für gewöhnlich etwas, was ihrer angeblich positiven Einstellung widerspricht und zeigt, warum sie in der

Klemme sind. Wenn ich sie darauf anspreche, erinnern sie sich häufig nicht einmal mehr daran. Doch wirken sich diese »unbewußten« Aussagen stärker auf unser Leben aus als all die wohlüberlegten positiven, gerade weil sie zur Gewohnheit geworden sind. Macht man die Betreffenden auf ihre Aussage aufmerksam, so sagen sie meist irgend etwas wie »Ach, das meinte ich eigentlich nicht. Es war nur so dahingesagt. In Wirklichkeit denke ich . . .«. Es tut mir leid, aber das ist ganz einfach nicht stichhaltig. Wir alle verfügen über die eigenartige Fähigkeit, unsere Sprechweise so zu steuern, daß dabei etwas herauskommt, was gut klingt oder wovon wir denken, daß wir es glauben »sollten«. Dabei entsprechen diese Aussagen vielleicht keineswegs den Ansichten, die in uns wirksam sind. Es sind daher gerade die spontanen Worte und Sätze, die unsere wahren Gefühle und Überzeugungen offenbaren. Gerade ihre Spontaneität klassifiziert sie als Gewohnheiten, die ihre Wirkung tun.

Manche von Ihnen sind vielleicht schon vertraut mit dem Gedanken der suggestiven Affirmation, doch es besteht ein Unterschied zwischen *wirksamen Affirmationen* und wohlklingenden Erklärungen, die einfach so dahingesagt werden. Zunächst einmal sind viele der empfohlenen Affirmationen entweder zu lang oder zu vage. Lange und weitschweifige Affirmationen haben praktisch keinen Einfluß auf unser Verhalten, auch wenn sie uns vielleicht für kurze Zeit ein gutes Gefühl vermitteln können. Der unbewußte Teil unseres Geistes, der unmittelbar mit unserem Gesundheitszustand zu tun hat, reagiert wesentlich besser auf kurze und bündige Aussagen. Der folgende Text ist ein typisches Beispiel für die wohlgemeinte, langatmige Affirmation:

»Die Heilkraft des Universums, die grenzenlos und ewig ist, fließt durch alle Teile meines Körpers und erfüllt mich mit Licht, Frieden und Gesundheit. Ich weiß, daß es so ist und nehme das Übermaß an Wohlbefinden und Vitalität an, das sie mir schenkt. Ich sage meinen Dank für die reichen Segnungen einer guten Gesundheit.«

Ich habe Texte gesehen, die seitenlang so weitergehen. Dagegen wird eine einfache Affirmation wie »Mein Körper wird jetzt gesund«, die ständig wiederholt wird, wesentlich bessere Resultate bringen, auch wenn sie vielleicht vom intellektuellen Gesichtspunkt her weniger befriedigend ist.

Weiter muß eine Affirmation, um wirksam zu sein, so spezifisch formuliert werden, daß uns ihre Aussage klar ist. Ist ihre Bedeutung vage, so werden auch ihre Resultate vage sein. Vor vielen Jahren empfahl ein gewisser Emile Coué eine schöne kurze Aussage mit dem Wortlaut: »Es geht mir von Tag zu Tag in jeder Beziehung immer besser und besser.« Eine solche Affirmation kann sich nur dann positiv auswirken, wenn Sie sich im klaren darüber sind, was »besser« für Sie bedeutet. Dennoch ist die Formulierung im Grunde genommen gut; nur müßten Sie sie für Ihre Zwecke anpassen, indem Sie »immer besser und besser« durch eine spezifischere Aussage ersetzen.

Am besten wirken suggestive Affirmationen, wenn es darum geht, Ansichten zu ändern, die Sie in bezug auf sich selbst oder auf das Leben im allgemeinen vertreten. Letzten Endes sind es diese Ansichten, die Sie dahin gebracht haben, wo Sie heute stehen. Der Trick besteht darin, daß man lernt, sich zu ertappen, wenn man eine Formulierung gebraucht, die sich negativ auswirken könnte. Wenn Sie beispielsweise merken, daß Sie eine Äußerung tun wie »Ich bin immer krank um diese Jahreszeit«, dann halten Sie inne und sagen sich: »Das muß geändert werden!« Ersetzen Sie die negative Aussage durch so etwas wie »Ich bin immer gesund«, auch wenn Sie das zunächst nur zu sich selbst sagen.

Übrigens wurde viel Unsinniges geschrieben über suggestive Affirmationen, dahingehend, daß man niemals negative Aussagen verwenden sollte, wie »Ich werde nie krank«, da unser Unbewußtes negative Formulierungen nicht registrieren würde. Das Unbewußte würde also nur heraushören: »Ich werde krank.« Nun, seien Sie versichert, Ihr Unbewußtes hört alles, was Sie sagen. Dennoch rate ich zu rein positiven Affirmationen, weil zu leicht eine Vorstellung von Krankheit aufkommen könnte, wenn Sie sagen: »Ich werde nie krank.« Und Ihr Unbewußtes sieht auch alle bildhaften Vorstellungen, die Sie sich machen!

Außer der Forderung, daß sie kurz, klar, eindeutig und positiv sein sollte, gehört zu einer guten Affirmation auch, daß Sie daran glauben, wenigstens ein kleines bißchen. Steht eine Affirmation in direktem Widerspruch zu Ihren Überzeugungen, so wird sie, wenn überhaupt, nur langsam positive Ergebnisse zeitigen. Sind Sie zum Beispiel ernsthaft krank, so wird es kaum Besserung bringen, wenn Sie herumgehen und überall verkünden: »Ich bin vollkommen gesund.« Diese Aussage wäre vermutlich zu weit von Ihrer augenblicklichen Realität entfernt, um Ihren Zustand wirksam ändern zu können. Ihr Unbewußtes würde sie einfach nicht akzeptieren. Ändern Sie den Wortlaut dagegen ab in »Ich *kann* vollkommen gesund sein«, so wird die Aussage glaubwürdiger und damit wirksamer. Sind Sie jedoch bereits bei ganz guter Gesundheit, so könnte es sein, daß dieses »Ich kann vollkommen gesund sein« bedeutungslos für Sie ist, es sei denn, Sie haben eine ganz präzise Vorstellung davon, was »vollkommen gesund« für Sie beinhaltet. Sie können dieses Problem umgehen, indem Sie sagen: »Ich kann gesünder sein, als ich jetzt bin.« »*Kann*« ist überhaupt das magische Wort in vielen suggestiven Affirmationen. Solange Sie daran glauben, daß es Ihnen *möglich* ist, das zu sein oder das zu tun, was Sie sich wünschen, wird Ihre Affirmation Wirkung haben, sobald sie sich als gewohntes Denkmuster etabliert hat.

Gewohnheiten aber bilden sich heraus durch Wiederholung. Die Wiederholung findet zunächst auf geistiger Ebene statt, in Form von Gedanken und Bildern, und wirkt gewohnheitsbildend auf Emotionen, Sprache und Verhalten. Nun liegt es im Wesen der menschlichen Natur, daß es nur einen einzigen Weg gibt, eine alte Gewohnheit loszuwerden, nämlich, sie durch eine neue zu ersetzen. Wenn sie aufhören zu rauchen, haben Sie die Gewohnheit zu rauchen ersetzt durch die Gewohnheit, nicht zu rauchen. Zur Gewohnheit gewordene Worte und Formulierungen wirken als ständige Verstärker, die unser Denken und Handeln entweder einengen oder ihm mehr Spielraum verschaffen. Die Methode der suggestiven Affirmation soll Ihnen helfen, sich bewußt die gewohnheitsmäßige Verstärkung zu geben, die Sie sich wünschen.

Hier sind einige Übungen, mit denen Sie arbeiten können:

Übung 1: Achten Sie einen Tag lang bewußt auf die selbstbeschränkenden Worte und Sätze, die andere Leute gebrauchen. Halten Sie Ausschau nach den »Ich-kann-nicht«, den »Immer« und den »Nie« sowie den Ausdrücken, mit denen die Menschen sich selbst herabsetzen. Versuchen Sie, den Zusammenhang zu erkennen zwischen dem, was sie über sich selbst sagen, und ihrem Leben.

Übung 2: Diese Übung ist schon ein bißchen schwieriger. Achten Sie einen Tag lang auf Ihre eigenen selbstbeschränkenden Worte und Formulierungen, vor allem dann, wenn Sie über Bereiche Ihres Lebens sprechen, in denen Sie vielleicht ein Problem haben. Stellen Sie eine Liste auf und prüfen Sie, ob Sie nicht vielleicht genau das verstärken, was Ihnen nicht gefällt.

Übung 3: Achten Sie darauf, vor allem, wenn Sie müde oder krank sind, wie oft Sie diesen Zustand noch dadurch verstärken, daß Sie anderen davon erzählen. Üben Sie sich darin, für sich zu behalten, wie Sie sich fühlen, und suggerieren Sie sich stattdessen, daß sich Ihre Verfassung bessern wird.

Übung 4: Nehmen Sie von den Aussagen, die Sie für gewöhnlich über sich selbst oder Ihr Leben machen, die negativste und formulieren Sie eine glaubwürdige entgegengesetzte Affirmation. Dann gebrauchen Sie diese Affirmation einen Monat lang und nehmen dabei Ihre Imagination, Emotivation und Konzentration zu Hilfe. Beobachten Sie, ob sich Verbesserungen zeigen und welche.

Affirmative Haltung

Sie haben vielleicht schon den Ausdruck »Körpersprache« gehört. Er bezieht sich darauf, daß wir unbewußt unseren Körper dazu gebrauchen, unsere Gefühle und unsere Ansichten über uns selbst und die Welt zum Ausdruck zu bringen. In Teil II werde ich hierauf noch sehr viel ausführlicher eingehen; für den Augenblick möchte ich nur sagen, daß Körperhaltung eine Form des Verhaltens ist. Gedanken wirken sich auf das Verhalten aus, und das Verhalten kann Gedanken beeinflussen und stimulieren. Wenn ich hier von Haltung spreche, so verstehe ich darunter die Gesamtheit unserer Gesten und Körperhaltungen unter verschiedenen Umständen. Ändern wir unsere Körperhaltung zum Positiven, so können wir dadurch positive Vorstellungen und Empfindungen verstärken.

Wollen Sie Vorstellungen von Stärke, Freundlichkeit, Gesundheit, Vitalität und Selbstvertrauen stärken, so können Sie üben, in einer Art und Weise zu stehen und Ihre Glieder zu bewegen, die bewirkt, daß Sie diese Werte stärker fühlen. Und positive Gedanken werden selbstverständlich automatisch Ihre Haltung beeinflussen. Kürzlich konnte ich beobachten, wie sich ein Mädchen während einer Übung mit positiven Affirmationen, die sich auf ihre Person bezogen, buchstäblich verwandelte. Es war ein gutaussehendes Mädchen, doch sie hielt sich für viel unscheinbarer, als sie in Wirklichkeit war. Im Verlauf einer Übung wurde ihr aufgetragen, immer wieder zu wiederholen: »Ich bin schön.« Ihre Haltung war schlaff, bevor sie damit begann, und sie machte den Eindruck, als würde sie sich ängstlich wegducken. Doch schon nach wenigen Minuten straffte sie unbewußt ihre Schultern, hob den Kopf und begann, von innen her zu »leuchten«. Es wirkte wie Zauberei und war doch nur die Reaktion ihres Körpers auf die Affirmation.

Selbstverständlich ist es nicht damit getan, daß man seine Haltung ändert, auch wenn dies eine ausgezeichnete zusätzliche Verstärkung ist. Die bloße Änderung unserer Körperhaltung macht vielleicht einen guten Schauspieler aus uns, doch ist sie nicht imstande, unser Denken zu ändern. Vor nicht langer Zeit las ich über ein Interview mit einem berühmten Schauspieler, den jeder für stets überaus gelassen, ruhig und gesammelt hielt, denn so wirkte er. Er hatte jedoch dem Interviewer gestanden, daß er so gut wie immer ein nervöses Wrack war und sich nur die richtige Haltung angewöhnt hatte, um dies zu verbergen.

In Verbindung mit verbaler Affirmation und positiven Intentionen jedoch kann die körpersprachliche Affirmation durchaus dazu beitragen, neue Vorstellungen und Gewohnheiten schneller und dauerhafter zu etablieren.

Übung 1: Betrachten Sie sich in einem hohen Spiegel von vorn und von der Seite. Stehen Sie dabei wie gewohnt. Haben Sie den Eindruck, daß Ihre Haltung Selbstvertrauen, Gesundheit und Vitalität vermittelt? Oder sehen Sie niedergeschlagen, ängstlich und schwach aus? Ändern Sie Ihre Haltung, so daß

Sie »wie ein Held« wirken. Wie fühlt sich das an? Denken Sie über die Gründe nach. Es könnte sein, daß Sie über Ihre Person verschiedene Ansichten hegen, denen Sie sich bisher nicht gestellt haben.

Übung 2: Wenn Sie das nächste Mal mit einer Gruppe von Leuten zusammen sind, seien es Bekannte oder Fremde, achten Sie darauf, wie Sie Ihre Arme, Hände und Beine halten. Glauben Sie, daß diese Haltungen offen wirken oder defensiv? Versuchen Sie, die Wirkung in das Gegenteil zu verkehren. Wie fühlen Sie sich dadurch? Denken Sie darüber nach, warum Sie sich so halten, wie Sie es tun, und machen Sie sich klar, daß dies etwas über Ihre Gefühle anderen gegenüber aussagen kann.

Übung 3: Wählen Sie eine Eigenschaft aus, die Sie gerne entwickeln möchten. Selbstvertrauen wäre eine gute Wahl für den Anfang. Stehen und bewegen Sie sich vor einem Spiegel, als hätten Sie wirklich das gewünschte Maß an Selbstvertrauen. Üben Sie diese Haltung einen Monat lang im Zusammensein mit Leuten, die Sie kennen. Erzählen Sie niemandem davon, und übertreiben Sie nicht. Sie wollen schließlich nicht wirken wie eine Primadonna oder ein Schmierenschauspieler. Seien Sie sich einfach bewußt, daß in Ihrer Art zu sitzen, zu stehen und zu gehen Selbstvertrauen liegt. Beobachten Sie, wie andere reagieren, und wie Sie sich selbst mit der Zeit fühlen.

KAPITEL 6

Eine kurze Rundreise durch den menschlichen Geist

Die im folgenden dargelegte Art und Weise, den menschlichen Geist zu betrachten, soll Ihnen zu einem besseren Verständnis Ihrer selbst, Ihrer Gedanken und Ihres Verhaltens verhelfen. Es ist eine für die Praxis geeignete Betrachtungsweise, die von vielen als Hilfe empfunden wird. Machen Sie sich keine Gedanken darüber, ob sie mit dem übereinstimmt, was Sie eventuell gelernt haben. Der menschliche Geist ist solch ein multidimensionales Wunder, daß jede Art von Unterteilung nur ein willkürliches Hilfsmittel sein kann. In Wirklichkeit ist er ein unbegrenztes Ganzes mit einer großen Vielfalt an Funktionen. Aber gerade dieser Vielfalt wegen ist eine Unterteilung in verschiedene Kategorien manchmal hilfreich, damit wir besseren Gebrauch von unserem Geist machen können.

Der Zweckdienlichkeit halber, wollen wir den menschlichen Geist nach seinen Funktionen in drei Kategorien unterteilen, die ich überschreiben möchte mit »Kreatives Selbst«, »Bestimmendes Selbst« und »Aktives Selbst«. Man könnte praktisch sagen, daß sie ein gemeinsames Unternehmen bilden, das es uns ermöglicht, unser Leben zu erfahren. Zuweilen ist die Zusammenarbeit jedoch nicht besonders gut. In einem solchen Fall scheint uns auch das Leben nicht besonders lebenswert. Die Schwierigkeit liegt im allgemeinen darin, daß wir versuchen, einen dieser Anteile unseres Selbst in einer Art und Weise zu gebrauchen, für die er nicht vorgesehen ist. Und das ist dann ungefähr so effizient, als würden wir versuchen, die Leber das Blut durch unseren Körper pumpen zu lassen und dem Herzen die Verdauung unserer Nahrung zu übertragen. Wir brauchen eine klare Vorstellung von den Funktionen der einzelnen Anteile des menschlichen Geistes, damit die Zusammenarbeit besser funktionieren kann.

Das Kreative Selbst

Das Kreative Selbst ist der Anteil des menschlichen Geistes, der unter anderem auch höheres Selbst, göttliches Selbst, Seele oder Schutzengel genannt wird, Bezeichnungen, die seine fundamentale Natur zum Ausdruck bringen sollen. Das Kreative Selbst ist nicht Gott im Sinne des höchsten Wesens, aber es ist der Teil von uns, der Gott oder das universale Bewußtsein am unmittelbarsten kennt und als Kanal für die Lebensenergie fungiert. Seine Aufgabe besteht im wesentlichen darin, uns Wissen zu vermitteln, unser physisches Dasein zu erhalten, uns »Lebenskraft« zu spenden und, als eine Art Mittler Gottes, unsere individuelle Lebenserfahrung auf der Grundlage unserer Denkmuster zu gestalten.

Sie stehen diesem Teil Ihres Geistes, Ihrem Kreativen Selbst, nicht fremd gegenüber, was Sie auch darüber denken mögen. Sie brauchen nicht darum zu ringen, ihn zu erreichen. Sie brauchen sich nicht zu »reinigen«, um ihn zu erfahren. Er ist ein natürlicher Teil Ihres täglichen Lebens. Ihr Kreatives Selbst ist ständig in Ihnen wirksam, doch sind Sie sich dessen vielleicht nicht immer bewußt. Und wenn Sie sein Wirken wahrnehmen, erkennen Sie es vielleicht nicht als das, was es ist. Ich nenne hier als Beispiele einige Erfahrungen, bei denen das Kreative Selbst im Vordergrund steht:

1. Sie »wissen« etwas plötzlich. Es ist ein ruhiges, sicheres Wissen, frei von Zweifeln und logischen Erwägungen.
2. Sie werden sich ruhig eines Menschen, einer Sache oder einer Begebenheit gewahr. Es ist »reines Erfahren«, ohne Urteilen, Analysieren, Argumentieren.
3. Sie haben das Gefühl, daß ein Teil Ihrer selbst »außerhalb steht« und ruhig beobachtet, was immer Sie gerade tun.
4. Sie erkennen, daß Sie »eins« sind mit der Natur und empfinden bei dieser Erkenntnis ein ruhiges Glücksgefühl.

Welchen Gebrauch können wir nun in der Praxis von diesem Teil des menschlichen Geistes machen? Ich möchte hier drei Möglichkeiten nennen. Erstens sollten Sie sich oft in Erinnerung rufen, daß es Ihr Kreatives Selbst ist, das Ihre Lebenserfahrung gestaltet, und daß Ihre Gedanken das Muster dazu liefern. Natürlich wird nicht jeder einzelne Gedanke verwendet, sondern nur diejenigen, auf die Sie den größten Nachdruck legen. Dieser Prozeß ist seinem Wesen nach automatisch. Das einzige, was Sie tun müssen, ist, sich vor Augen zu halten, daß dieser Prozeß abläuft, und daß Ihr übriges Selbst nichts weiter zu tun braucht, als die Gelegenheiten zu nutzen, die sich bieten, und Ihr Denken auf die Art von Leben und die Lebensbedingungen zu richten, die Sie gerne verwirklicht sehen würden. Bei der zweiten Möglichkeit geht es darum, daß Sie mit Ihrem Kreativen Selbst kommunizieren, indem Sie in Gedanken um Lösungen für Probleme bitten, mit denen Sie sich konfrontiert sehen, oder um mehr Kraft, Energie und Gesundheit. Ihr Kreatives Selbst kennt alle Antworten und verfügt über einen unbegrenzten Vorrat an lebenspendender Energie, aber es hat die seltsame Eigenschaft, nie in Ihre freie Entscheidung einzugreifen. Abgesehen von der fundamentalen Erhaltung und Unterstützung, müssen Sie also darum bitten, wenn Sie mehr Hilfe wollen. Eine dritte Möglichkeit ist, Ihr Vermögen, sich dieses Teils Ihres Geistes gewahr zu werden, mit Hilfe einfacher Übungen zu entwickeln. Es folgen einige solcher Übungen:

Übung 1: Für diese Übung müssen Sie die Natur zu Hilfe nehmen. Suchen Sie sich einen Platz mit schöner Aussicht, wo Sie eine Weile sitzen können. Die Dauer spielt keine Rolle; sie kann zwischen wenigen Augenblicken und ganzen Stunden liegen. Wählen Sie einen Meeresstrand, See, Wald oder Garten, einen Sonnenaufgang oder -untergang oder was immer verfügbar ist. Wenn ein Stück Natur für Sie nur sehr schwer zu erreichen ist, verwenden Sie eine Topfpflanze oder eine Blume oder, als letzten Ausweg (der sehr brauchbar sein kann), eine schöne Naturaufnahme. Verbringen Sie die Zeit ganz einfach damit, die Schönheit und das Wunder des Lebens in der Szenerie wahrzunehmen und dieselbe Art von Leben in sich selbst zu fühlen. Lassen Sie alle anderen Gedanken einfach vorüberziehen und verblassen. Konzentrieren Sie sich ausschließlich auf den Augenblick und die augenblickliche Erfahrung. Sie werden sich am Ende erfrischt, entspannt und frei fühlen. Denken Sie auch darüber nach, daß Sie dieses schöne Erlebnis selbst geschaffen haben.

Übung 2: Stellen Sie sich Ihr Kreatives Selbst als einen unmittelbar über Ihrem Kopf schwebenden Kranz von Licht vor, wie ihn die Engel in Comic strips tragen. Sie sehen das sanfte Leuchten, das von ihm ausgeht, und wissen, daß er immer da ist, eine Quelle von Wissen und Kraft. Sie haben diesen Lichtkranz bereits bei einer der Emotivationsübungen verwendet. Als Alternative können Sie sich Ihr Kreatives Selbst als riesenhaftes menschliches Wesen vorstellen, massiv wie die Erde selbst und imstande, nach den Sternen zu greifen, ein Wesen, das Ihnen innige Liebe entgegenbringt und Sie in seine Arme schließt. Erkennen Sie die Anwesenheit Ihres Kreativen Selbst in der einen wie in der anderen Form als tragenden Teil Ihres Wesens, der nur Ihr Bestes will. Machen Sie diese Übung morgens beim Aufstehen und auch tagsüber, wenn Sie gerade daran denken. Je öfter Sie es tun, je öfter Sie der Tatsache, daß dieser Teil Ihres Wesens existiert, Beachtung schenken, umso mehr wird Ihr Kreatives Selbst zu Ihren Gunsten wirken.

Das Bestimmende Selbst

Wie praktisch jeder Mensch, werden auch Sie mit diesem Teil Ihres Wesens am besten vertraut sein. Er wird zuweilen auch Bewußtsein, rationaler Geist oder Intellekt genannt, doch sind diese Bezeichnungen keine adäquaten Beschreibungen seiner Funktion. Seine »Arbeit« besteht darin, das »Rohmaterial«, nämlich die durch Sinneswahrnehmungen und Empfindungen gewonnenen Informationen aufzunehmen und ihnen Sinn zu geben, diese Informationen zu analysieren und zu ordnen, Richtlinien in Form von gedanklichen und bildhaften Vorstellungen zu liefern, mit denen das Kreative Selbst arbeiten kann, und schließlich, dem Aktiven Selbst Befehle zu erteilen. Die beiden zuletzt genannten Funktionen wirken sich am unmittelbarsten auf unsere Lebenserfahrung aus, denn man könnte es so formulieren, daß das Kreative Selbst Ereignisse und Umstände zuwege bringt, während das Aktive Selbst das Verhalten bewirkt, mit dem wir auf diese Ereignisse und Umstände reagieren. Beide jedoch halten sich an die »Politik« (in Form von gedanklichen und bildhaften Vorstellungen bzw. Befehlen) des Bestimmenden Selbst.

Ist Ihnen klar, was ich damit sage? *Sie selbst* sind der Ursprung Ihrer Erfahrung. Was für ein Mensch Sie sind, welche Art von Arbeit Sie tun, wo Sie wohnen, welche Menschen in Ihrem Leben eine Rolle spielen, welcher Art Ihre Beziehungen zu anderen Menschen sind, wie Sie Glück und Unglück empfinden – all das hat seinen Ursprung in den gedanklichen und bildhaften Vorstellungen, in den Entscheidungen und Befehlen Ihres Bestimmenden Selbst. Welche Bewandtnis hat es dann mit meiner Kindheit? werden Sie vielleicht fragen, mit meinem Geburtsort, meinen Eltern, meiner Rasse, den Umwelteinflüssen meiner Kindheit? Die haben ihren Ursprung doch wohl nicht in meinem Bestimmenden Selbst? Sie haben recht. Zeit, Ort und Umstände Ihrer Geburt und frühen Kindheit haben andere Ursachen auf höherer Ebene. Doch von dem Augenblick an, da Sie zum ersten Mal Tatsachen interpretierten, analysierten, ordneten, zum ersten Mal eine Entscheidung trafen in bezug auf die Welt, in die Sie geboren wurden, trat Ihr Bestimmendes Selbst in Aktion. Nun, sagen Sie vielleicht, was ist mit meinen Eltern, meinen Lehrern, meinen Freunden? Hatten die denn nicht wesentlichen Anteil an der Formung meines Lebens? Selbstverständlich hatten sie das. Doch beschränkte sich ihre Rolle darauf, daß sie Teil Ihrer Erfahrung waren, und das gilt auch heute noch. Diese Menschen haben vielleicht Einfluß ausgeübt, doch waren immer noch Sie es, die diesen Einfluß interpretierten und beurteilten. Und die auf diese Weise entstandenen Vorstellungen und entsprechenden Bilder sind es, die Ihr Leben bestimmen.

Das Problem, das die meisten Leute mit ihrem Bestimmenden Selbst haben, besteht darin, daß sie es zu viel, zu wenig oder falsch einsetzen.

Zuviel ist, wenn Sie sich mit vergangenen oder auch gegenwärtigen Situationen herumquälen, die Sie nicht ändern können oder über die Sie keine Kontrolle haben, wenn Sie fortwährend analysieren und urteilen, wenn Sie Dingen mehr Bedeutung beimessen, als sie verdienen, wenn Sie Ihre Entscheidungen aufgrund Ihrer Emotionen treffen.

Zuwenig ist, wenn Sie vorgeben, Ihren Gewohnheiten ausgeliefert zu sein, wenn Sie sich von einer stumpfsinnigen, freudlosen Lebensroutine in Bande schlagen lassen, wenn Sie sich weigern, darüber nachzudenken, wie Sie Ihr Leben besser gestalten könnten.

Falsch ist es, wenn Sie andere für Ihre Lage verantwortlich machen, wenn Sie sich allerlei Ausflüchte und »logische« Begründungen zurechtschustern, um darzulegen, warum Sie Ihr Los nicht verbessern können, und wenn Sie Ihrem Aktiven Selbst widersprüchliche Befehle erteilen.

Die beiden nun folgenden Übungen werden Ihnen helfen, sich des Wirkens Ihres Bestimmenden Selbst besser bewußt zu werden.

Übung 1: Lauschen Sie während des Tages dem »inneren Geplauder«, dem inneren Dialog, den Ihr Bestimmendes Selbst mit sich selbst führt. Machen Sie sich deutlich, wie Sie Ihre eigenen Handlungen und das, was um Sie her vorgeht, beurteilen, kritisieren und analysieren. Beobachten Sie, wie oft Sie eine Situation aus der Vergangenheit zurückholen, sie im Geist immer wieder abspulen und dabei kritisieren, bewerten, rechtfertigen. Denken Sie darüber nach, ob Ihnen das guttut.

Übung 2: Machen Sie sich deutlich, wie oft Sie während des Tages Bilder von Ihrer Zukunft entwerfen. Bedenken Sie, wie viele dieser Bilder positive und wie viele negative Ereignisse darstellen. Und bedenken Sie, wie oft Sie auf Grund dieser, von Ihrem Bestimmenden Selbst geschaffenen Bilder entscheiden, wie Sie sich verhalten wollen. Denken Sie darüber nach, daß diese Vorstellungen von Ihrer Zukunft bei häufiger Wiederholung dazu führen, daß entsprechende Erfahrungen angezogen werden.

Das Aktive Selbst

Das Aktive Selbst ist das eigentliche Arbeitspferd des Trios. Es ist zuständig für alle Körperfunktionen, für die Nervenfunktion, für körperliche Aktivitäten und Verhaltensweisen, für unsere Sinne, für die Energieverteilung (inklusive der emotionalen Energie), für die Übermittlung unserer Gedanken, für die Befolgung unserer Gewohnheiten und für unser Gedächtnis. Es wird oft als das Unbewußte bezeichnet, doch läßt diese Bezeichnung viel zu wünschen übrig, da zu viele Menschen sie mit einem unkontrollierbaren Teil ihrer Persönlichkeit in Verbindung bringen, der oft gegen sie arbeitet oder ihnen Informationen vorenthält. Es ist wahr, wir wissen nicht, wie unser Aktives Selbst funktioniert, doch wir können seine Motive erkennen, und wir werden finden, daß es nicht Feind sondern Freund ist. Eine etwas bessere Bezeichnung ist »Körperbewußtsein«.

Ich nenne es »Aktives Selbst«, denn seine wichtigste Funktion besteht darin, Befehle auszuführen; es agiert und reagiert eher, als daß es im gebäuchlichen Sinne des Wortes »denkt«. Es funktioniert weitgehend wie ein Supercomputer, und oft wird ihm vorgeworfen, daß es ganz einfach seine Pflicht tut. Es führt zum einen die im genetischen Material der Zellen kodierten Befehle aus und versucht zum anderen, auch die vom Bestimmenden Selbst ausgehenden Befehle zu befolgen. Es verdient eher Mitgefühl als Tadel, denn zuweilen widersprechen die letzteren den ersteren. Das ist zum Beispiel dann der Fall, wenn das Bestimmende Selbst entscheidet, daß ein Übermaß an Nahrung ein guter Ersatz für Zuneigung ist. Manchmal erteilt das Bestimmende Selbst auch Befehle, die seinen eigenen, früheren widersprechen – es ist, wie wenn jemand etwas tut, wovon er zuvor beschlossen hat, daß es moralisch unrecht ist. In beiden Fällen ist das unmittelbare Resultat Streß und Spannung, was zu Krankheit und/oder sonstigen unerwünschten Folgen führen kann.

Seine Funktion als Hüter unserer Gewohnheiten bringt dem Aktiven Selbst die meisten Schmähungen ein. Sie müßten inzwischen wissen, daß alle Gewohnheiten bewußten Entscheidungen unseres Bestimmenden Selbst entspringen, die in der Folge verstärkt werden durch wiederholte Beachtung und entsprechende geistige Bilder, bis das Aktive Selbst ihnen automatisch gehorcht. Die Tatsache, daß das Bestimmende Selbst oft »vergißt«, wie es eine Gewohnheit etabliert hat, bedeutet, daß es – anstatt sich selbst – automatisch das Aktive Selbst (unter welchem Namen auch immer) verantwortlich macht für unerwünschte Gewohnheiten, über die es keine Kontrolle zu haben glaubt. In Wahrheit können Gewohnheiten in Denken und Verhalten, die ja vom Bestimmenden Selbst ausgingen, von diesem, mit Hilfe des besprochenen Instrumentariums auch geändert werden.

Es folgen zwei Übungen, die dazu dienen, uns besser mit unserem Aktiven Selbst vertraut zu machen.

Übung 1: Es war ein ausgezeichneter Vorschlag von einem gewissen Max Freedom Long, unserem Aktiven Selbst einen Eigennamen zu geben, um so die Kommunikation und das Erteilen von Befehlen zu erleichtern. Zahlreiche Leute hatten damit viel Erfolg. Es ist ein wenig, als würde man einem Computer einen Namen geben, doch in diesem Fall reagiert der »Computer« tatsächlich und positiv auf die Aufmerksamkeit, die ihm zuteil wird. Wählen Sie also einen Namen für Ihr Aktives Selbst und reden Sie es mit diesem an, wenn Sie mehr erwarten von Ihrem Körper, Ihrem Gedächtnis, Ihren Gefühlen, und wenn Sie mit Hilfe Ihres geistigen Instrumentariums neue Gewohnheiten etablieren. Reden Sie Ihr Aktives Selbst auch mit seinem Namen an, um ihm zu danken, wenn es nach Wunsch funktioniert. Die Reaktion wird Sie überraschen. Long schlug den Namen George vor (in Anlehnung an »Laß es George nur machen!«). Manche Leute verwenden ihren zweiten Namen, wieder andere den Namen einer bevorzugten Gestalt aus der Geschichte oder aus einem Roman. Wählen Sie, was Ihrem Gefühl nach richtig ist.

Übung 2: Das Aktive Selbst hat eine wichtige Funktion als Gedächtnisspeicher. Vielleicht überraschend ist, daß es eine Vorliebe für bestimmte Erinnerungen zu haben scheint und diese anderen vorzieht. Die Erinnerungen, die Ihr Aktives Selbst bevorzugt, und die Emotionen, die mit diesen in Verbindung gebracht werden können, sind sehr aufschlußreich für die Gedanken und Überzeugungen, die in Ihnen wirken. Eine Möglichkeit, diese Erinnerungen anzuzapfen, ist die sogenannte »Schatzsuche«. Hierfür suchen Sie sich einen ruhigen Platz, setzen sich, machen ein paar tiefe Atemzüge, entspannen Ihre Muskeln, schließen Ihre Augen und bitten Ihr Aktives Selbst, indem Sie es mit seinem Namen anreden, Ihnen seine Lieblingserinnerungen zu zeigen. Dann warten Sie einfach, bis diese aufsteigen. Sie müssen sich unbedingt davor hüten, zu sagen *welche* Erinnerungen zurückgeholt werden sollen. Für den Augenblick sind die Vorlieben Ihres Bestimmenden Selbst nicht von Belang. Geben Sie Ihrem Aktiven Selbst also einfach den Auftrag, diejenigen Erinnerungen zu präsentieren, die *es* bevorzugt, und warten Sie. Sie werden wissen, daß diese Übung erfolgreich ist, wenn »Schätze« auftauchen, die Sie vermutlich bewußt vergessen haben. Sie sind wahrscheinlich kurz und lebhaft, mit vielen sensorischen Details. Taucht gar nichts auf, dann versuchen Sie es ein anderes Mal von neuem, nachdem Sie zu Ihrer Entspannung eine der Emotivationsübungen gemacht haben. Verwenden Sie Sorgfalt darauf, sich selbst deutlich zu machen, was Sie eigentlich wollen. Haben Sie Geduld, es wird geschehen.

Wie Ihr Kreatives Selbst, wird auch Ihr Aktives Selbst umso positivere Arbeit für Sie leisten, je mehr Sie sich mit ihm »anfreunden«.

Teil II

KAPITEL 7

Der Körper als Spiegel

»Der Körper ist eine großartige Maschine!« Diesen oder einen
ähnlichen Satz werden Sie wahrscheinlich von einem Schulme-
diziner zu hören bekommen, der beeindruckt ist von der wun-
derbaren Funktionsweise des Körpers. Der Körper *ist* großartig.
Ganz und gar selbständig nimmt er Sauerstoff aus der Luft auf,
bewirkt irgendwie, daß er in den Blutkreislauf eingeschleust
wird, und scheidet während dieses Prozesses gleichzeitig gasförmige Abfallstoffe aus. Er verdaut unsere Nahrung, nimmt die
darin enthaltenen Nährstoffe auf und entledigt sich der nicht
verwertbaren Reste. Er pumpt eine erstaunliche Menge Blut
durch den Kreislauf, um die Zellen zu ernähren und zu reinigen, und ersetzt laufend alte Zellen durch neue. Er produziert
spezielle Zellen und Organe, die sich mit Infektionen auseinandersetzen und solche, die die benötigten Chemikalien ausschüt-
ten oder Sinneswahrnehmungen übertragen. Der Körper ist in
der Tat großartig. Doch ist er ganz entschieden keine Maschine.

Die Idee des Körpers als Maschine hat ihre Wurzeln im Zeit-
alter der Industrialisierung, von dem wir noch sehr stark geprägt
sind. Es ist wahr, es gibt viele Parallelen zwischen Körper und
Maschine. Beide bestehen aus Komponenten, die verschiedene
Funktionen haben, beide leisten Arbeit, beide haben für
gewöhnlich bewegliche Teile, und bei beiden scheint es zu
Abnutzung und Ausfällen zu kommen. Unter dem Einfluß des
Denkens des Maschinenzeitalters begannen Mediziner, den
Körper als Maschine zu behandeln. Funktionierte etwas nicht
richtig, so mußte eine mechanische Ursache vorhanden sein. Es
konnte sich um einen Kurzschluß handeln (einen Ausfall im
Nervensystem), ein fehlerhaftes oder abgenutztes Teil, etwas,
was von außen eingedrungen war (Krankheitskeime, Bakterien,
Viren, Gifte) und das Funktionieren beeinträchtigte, oder aber
der Maschinist hatte versagt und versäumt, etwas für das rei-
bungslose Funktionieren Erforderliches (wie Vitamine, Proteine

etc.) zuzuführen. Sämtliche Einzelteile und ihre eventuellen Fehler wurden benannt, so daß die verschiedenen Körpermechaniker sicher sein konnten, von ein und derselben Sache zu sprechen.

Nun ist es wohl wahr, daß diese Behandlung des Körpers als Maschine vielen Menschen ein längeres produktives Leben beschert: Chemikalien werden zugesetzt oder verfangen in Form von Medikamenten und Vitaminen, Teile werden operativ korrigiert oder ersetzt, unerwünschte und nicht mehr funktionierende Teile werden entfernt. Aber es ist ebenfalls wahr, daß durch dieselbe Behandlung viele Leben gezeichnet werden oder verlorengehen. Was schlimmer ist, sie hat eine Atmosphäre des Mißtrauens dem eigenen Körper gegenüber begünstigt, der jeden Augenblick aufhören könnte, zu funktionieren wie es sich gehört, des Mißtrauens auch der Umwelt gegenüber, die ihn ja jeden Augenblick angreifen könnte. Und noch schlimmer, die mechanistische Annäherungsweise schob den Geist beiseite, relegierte ihn in die Stellung eines hilflosen Beobachters, von der vermeintlich nur Spezialisten mit Insiderwissen ausgenommen waren.

Der Körper ist jedoch keine Maschine. Zum einen heilt er sich immer selbst, manchmal mit Hilfe der »Mechaniker« und manchmal trotz dieser Hilfe. Unternimmt ein Arzt etwas, um dem Körper zu helfen, so ist er nie sicher, wie dieser reagieren wird. Vielleicht wird er gesunden, vielleicht auch nicht. Der Arzt kann nur hoffen, daß sich das, was er unternimmt, günstig auswirken wird. Ist dies nicht der Fall, so wird er es mit etwas anderem versuchen. Bringt eine Reihe unterschiedlicher Versuche keinen Erfolg, so wird er vielleicht ganz einfach aufgeben. Und dann kann es zur Verblüffung aller geschehen, daß der Körper dennoch gesundet. Was ist der Grund? Ärzte heilen nichts und können nichts heilen, was die besten unter ihnen zugeben werden. Das einzige, was sie tun können, ist, nach bestem Wissen Bedingungen zu schaffen, unter denen eine Heilung eventuell stattfinden kann. Im allgemeinen sind sie ganz geschickt darin, spezifische Symptome zu beseitigen, doch das ist noch keine Heilung.

Um genau zu sein, ein kranker Körper kann sich auch nicht wirklich selbst heilen. Der zusätzliche und *unverzichtbare* Faktor ist der Geist des Menschen, dem der kranke Körper gehört. Gesundwerden und Verhütung von Krankheit hängt fast ausschließlich von geistigen Prozessen ab. Und das ist keineswegs ein neuer Gedanke. Unter anderen hing ihm Hippocrates an, der »Vater der modernen Medizin«. Dieser Gedanke geriet nur in Vergessenheit, so um die Zeit, als Maschinen populär wurden. Vielleicht ist »in Vergessenheit« auch eigentlich nicht der passende Ausdruck. Es wäre wohl richtiger, zu sagen, daß er »aus der Gunst« kam. Einige wenige Mediziner verbannten den Geist nie völlig, und gegenwärtig rückt ihn eine zunehmende Zahl wieder ins Bild. Diese »revolutionären« Ansätze im Lager der Schulmedizin sind unter dem Namen Psychosomatik bekannt.

Die Grenzen der Psychosomatik

Der Ausdruck »Psychosomatik« wurde in den dreißiger Jahren allgemein bekannt, als ihn Dr. Helen Flanders Dunbar in einem Buch mit dem Titel *Emotions and Bodily Change* (Emotionen und körperliche Veränderungen) benutzte. Seit dieser Zeit wurde viel wertvolle Arbeit geleistet, um die Zusammenhänge zwischen geistiger Verfassung und physischer Gesundheit aufzuzeigen. Das Ergebnis ist ein eindeutiger Nachweis der äußerst bedeutsamen Rolle, die der Psyche beim Entstehen wie beim Heilen von Krankheiten zukommt. Eine Studie behauptet, daß drei von vier Krankheiten psychosomatischen Ursprungs sind, während eine andere sogar neunzig Prozent aller Schmerzen im unteren Bereich des Rückens als psychosomatisch veranschlagt. Unglücklicherweise hat die Disziplin der Psychosomatik schwerwiegende Mängel, die ihr Grenzen setzen.

Zunächst ist die Bezeichnung selbst unrichtig, wenn man in Betracht zieht, was eigentlich untersucht wird. Das Wort »Psychosomatik« setzt sich zusammen aus zwei griechischen Wörtern, nämlich »Psyche«, was soviel wie »Seele« oder »Geist« bedeutet, und »Soma«, dem Wort für »Körper«. Dies impliziert, daß die Psychosomatik sich mit der Beziehung zwischen Gedanken und Körper befaßt. Es ist jedoch die Beziehung zwischen Emotionen und Körper, mit der sich die Spezialisten dieses Fachgebiets vorrangig beschäftigen, wie ja auch der Titel von

Dr. Dunbars Werk zeigt. Das ist sicherlich besser als ein Ignorieren der Emotionen, doch ist es noch keine wirkliche Erforschung der Beziehung zwischen Geist und Körper. Emotionen sind Energie, und ein Freisetzen blockierter Energie kann sehr wohl Schmerz und Leiden lindern. Doch obwohl auf diese Weise Symptome abgeschwächt werden können, ist eine Heilung erst dann möglich, wenn das Denken, das die emotionalen Blockierungen verursacht hat, sich wandelt. Das aber ist bis heute ein vernachlässigtes Gebiet.

Ein weiteres Handikap ist die Konnotation des Wortes »Psychosomatik« oder seine Interpretation durch zahlreiche Mediziner und Laien. Nur allzu oft wird es im Sinne von *eingebildet*, also »nicht wirklich« gebraucht, womit angedeutet wird, daß die Symptome simuliert sind oder der Patient unzurechnungsfähig ist, daß er nicht erkennt, was vor sich geht. Für gewöhnlich wird es dann in dieser Auslegung angewandt, wenn die Ärzte oder wer auch immer keine »organische« Ursache für die Krankheit finden können (wobei unter »organisch« ein sichtbarer Defekt in einem Körperteil zu verstehen ist). Doch sind »organische« Fehlleistungen aller Art nur das Endresultat von Fehlleistungen von Gedanken und Gefühlen und keineswegs die Ursache der Krankheit.

Ein drittes Handikap ist die Voreingenommenheit, mit der Ereignisse als Hauptursachen der mentalen/emotionalen Verfassung gesehen werden, die die Krankheit auslöst. Sogenannte »Streßereignisse« in der Kindheit, in der jüngsten Vergangenheit oder in der gegenwärtigen Umgebung werden vom Standpunkt der Psychosomatik aus häufig für Krankheiten verantwortlich gemacht. In der Kindheit könnte beispielsweise einem dominierenden oder ablehnenden Elternteil die Schuld an diesem Streß gegeben werden. Studien der jüngsten Vergangenheit zeigen eine starke Korrelation zwischen Ereignissen wie Heirat, Todesfall in der Familie, Wohnungs- oder Stellenwechsel, Abbruch von Beziehungen und ähnlichen Traumata und dem Auftreten irgendeiner Krankheit innerhalb von einem Jahr. Korrelationen werden auch gesehen zwischen diversen Krankheiten und »Streßsituationen«, wie Fahren auf Autobahnen, unerfreuliche Atmosphäre zu Hause oder am Arbeitsplatz oder finanzielle Schwierigkeiten. Meist wird der mit der

Situation verbundene Streß betont. Ich möchte jedoch darauf hinweisen, daß dies eine sehr mechanistische Betrachtungsweise ist. In der Technik ist Streß oder Druck eine von außen auf das Objekt einwirkende Kraft, die zu seinem Versagen führen kann oder auch nicht, je nach seiner Stärke und Elastizität. Beim menschlichen Körper entsteht Streß (oder Dauerbelastung) durch Spannung in Muskeln oder Zellen, oder wenn ein Gegenstand oder eine Kraft (wie ein lauter Ton oder starkes Licht) mit dem Körper in Berührung kommt. Doch *Ereignisse an sich verursachen keinen Streß.* Der Streß, der mit bestimmten Ereignissen in Verbindung gebracht wird, entsteht durch unsere *Reaktion* auf das Ereignis und nicht durch das Ereignis selbst. Und diese Reaktion wiederum wird bestimmt durch unsere *Meinung* über das Ereignis oder über unsere Person in Beziehung zu diesem Ereignis.

Die Überlebensstrategie

In unserem genetischen Code ist eine bewundernswerte Überlebensstrategie eingebaut, die für gewöhnlich unter der Bezeichnung »Instinkt« bekannt ist. Wir haben sie mit Tieren gemein, und sie untersteht unserem Aktiven Selbst. Ein Teil dieser eingebauten Strategie wurde als »Kampf- oder Fluchtreaktion« identifiziert, und einige Forscher haben einen Zusammenhang zwischen dieser Reaktion und Krankheit festgestellt. Ich möchte noch weiter gehen und aufzeigen, daß wir über viererlei Überlebensreaktionen verfügen, die in unmittelbarem Zusammenhang mit Gesundheit und Krankheit stehen. Diese vier Reaktionen sind Verteidigung, Rückzug, Handeln und Ruhen.

Verteidigung: Mir erscheint dieser Terminus exakter als »Kampf«, denn aggressives Handeln ist nicht notwendigerweise mit Gewalt verbunden. Es könnte aus etwas so einfachem wie einem Stirnrunzeln bestehen, das demjenigen, der es herausgefordert hat, unser Mißvergnügen und eine Warnung zum Ausdruck bringen soll. Im Grunde geht es bei unserer Reaktion darum, uns zu behaupten und das zu verteidigen, was unserer Überzeugung nach zum Überleben wichtig ist (z. B. unsere Nahrungsquelle, unsere Rechte, unsere Integrität, unsere Person).

Beinhaltet sie Gewalt, so deshalb, weil wir Gewaltanwendung für erforderlich halten, ob dies nun zutrifft oder nicht.

Rückzug: Auch hier denke ich, daß der von mir gewählte Terminus exakter ist als »Flucht«, denn hierunter fallen auch so einfache Reaktionen, wie etwa den Mund halten, wenn man erkennt, daß man durch Reden in Schwierigkeiten kommt. Die tatsächliche Flucht – auch sie kann vom ruhigen Weggehen bis zum überstürzten Davonrennen gehen – ist nur ein Aspekt dieser Überlebensreaktion.

Handeln: Beim Handeln als Reaktion zum Überleben geht es um die Befriedigung unserer Grundbedürfnisse wie Nahrung, Sexualität, Bewegung und Kommunikation, was in keinem der Fälle notwendigerweise Verteidigung oder Rückzug einschließt.

Ruhen: Hierunter ist einfach unser Grundinstinkt zu verstehen, für ein ausreichendes Maß an körperlicher Erholung und Schlaf zu sorgen.

Diese Überlebensstrategie steht in engem Zusammenhang mit unserem Gesundheitszustand. Sind Bestimmendes und Aktives Selbst in Harmonie und folgen wir unserem Instinkt auf die richtige Weise, das heißt unter angemessener Berücksichtigung der Umstände, so werden wir strotzen vor Gesundheit. Ein Bruch in unserer Lebensstrategie dagegen zieht Krankheit nach sich.

Ein solcher Bruch kommt zustande, wenn unser Bestimmendes Selbst in einer für das Überleben kritischen Situation widersprüchliche Befehle erteilt. Anstelle des einfachen Befehls »verteidigen« oder »zurückziehen« könnte dann beispielsweise der Befehl »verteidigen/nicht verteidigen« oder »zurückziehen/nicht zurückziehen« gegeben werden. Hier beginnt der Körper zu protestieren, indem er Botschaften von Schmerz, Krankheit oder Funktionsstörungen aussendet. Bitte beachten Sie: Schmerz, Krankheit oder Funktionsstörungen sind keine Strafe, sondern die Mitteilung, daß ein Konflikt in unserem Denken das Überleben bedroht.

Widersprüchliche Befehle an unser Überlebenssystem verursachen so lange akute oder chronische Spannung in Muskeln oder Zellen, bis der Konflikt gelöst ist. Medikamente, Nahrung, tiefes Atmen, Massage und andere Techniken mögen die Spannung wohl für eine gewisse Zeit verringern oder überdecken, doch wird sie sich rasch von neuem aufbauen, solange der Konflikt fortbesteht. Aus diesem Grunde hat unser Gesundheitszustand so viel mit unseren Überzeugungen zu tun. Wir wollen nun einige typische Beispiele solcher Konflikte untersuchen.

Verteidigen / nicht verteidigen: Haben wir als Kind die Überzeugung übernommen, daß es unrecht ist, sich zu behaupten oder Ärger zu zeigen, so müßte das an sich keine körperlichen Probleme nach sich ziehen. Wir könnten zum Überleben einfach auf die Rückzugsstrategie zurückgreifen und jeden Konflikt vermeiden. Wären wir aber daneben überzeugt, daß man sich behaupten muß, um überleben zu können, so würde in jeder Situation, in der sich der Verteidigungsinstinkt regt, automatisch ein Widerspruch durch die erste Überzeugung auf den Plan gerufen. Der Grad der hieraus resultierenden Spannung würde davon abhängen, wie stark die von der Situation ausgelösten Emotionen sind.

Zurückziehen / nicht zurückziehen: Manche Menschen wachsen auf mit dem Gedanken, daß die beste Überlebensstrategie darin besteht, bedrohlichen Situationen auszuweichen. Das Ergebnis wäre vielleicht ein Mangel an Charakterfestigkeit, doch nicht unbedingt ein Mangel an Gesundheit. Hätte aber nun ein männliches Kind *außerdem* die Überzeugung, daß sich ein Mann immer durchsetzen muß, so würde dieser Konflikt angesichts einer Bedrohung wohl körperliche Probleme verursachen. Eine mögliche Folge wäre einfaches Lampenfieber, denn es kann als Bedrohung erscheinen, wenn man die Augen eines Publikums auf sich gerichtet weiß. Ich habe mit angehört, wie ein Schauspieler in einem Interview erzählte, daß er sich regelmäßig vor jedem Auftritt todkrank fühle, obwohl alles wieder gut sei, sobald er auf der Bühne stehe. Der Grund ist, daß der Körper die Botschaften »zurückziehen/nicht zurückziehen« erhält. Einmal auf der Bühne, schaltet er um auf ein harmonischeres »Handeln-ist-die-richtige-Strategie«. Im schlimmsten Fall kann der Konflikt zwischen »zurückziehen« und »nicht zurückziehen« zu einer Lähmung führen.

Handeln / nicht handeln: Die Überzeugung, daß bestimmte Handlungen unrecht sind, verbunden mit dem starken Wunsch, solche Handlungen auszuführen, kann vielerlei körperliche Beschwerden nach sich ziehen. Die offensichtlichsten Konflikte dieser Art hängen mit Sexualität und Zuneigung zusammen, doch können sie, den Überzeugungen des Betroffenen entsprechend, auch von Themen wie Tanzen, Alkoholkonsum oder bestimmten Arten von Arbeit herrühren. Der Befehl »handeln/ nicht handeln« kann auch die Form von »handeln müssen/ nicht handeln können« annehmen. Das Ergebnis solcher Konflikte kann leicht Verzweiflung und Hoffnungslosigkeit sein, und es ist interessant, daß die Psychosomatikforschung eine starke Korrelation zwischen derartigen Gefühlen und dem Auftreten von Krebs festgestellt hat. Übrigens bin ich gegen die verbreitete Bezeichnung »Krebsopfer«. Etwas derartiges gibt es nicht. Krebs ist keine Einwirkung von außen, sondern die Reaktion auf einen Überzeugungskonflikt.

Ruhen/nicht ruhen: Der Körper braucht ein gewisses Quantum Ruhe, vermutlich nicht so viel, wie Sie glauben, aber Ruhe braucht er. Wird nun der Überzeugung, daß eine bestimmte Ruhezeit notwendig ist, widersprochen durch die Überzeugung, daß Ruhen gefährlich ist, so entstehen daraus mit Sicherheit Schwierigkeiten. Wie aber kann irgend jemand Ruhen für gefährlich halten? Nun, ein Mensch, der Schlafen mit Tod assoziiert und Angst vor dem Sterben hat, könnte in einen solchen Konflikt geraten; ebenso jemand, der denkt, das Leben sei kurz, und man müsse deshalb ständig in Bewegung bleiben, um etwas zu erreichen, oder um sich einer Sache würdig zu erweisen. Diese letzteren Überzeugungen sind so allgemein, daß man Menschen, die ihnen anhängen, als »Typ A«-Persönlichkeiten bezeichnet. Sie leiden im allgemeinen an starken Spannungen, erhöhtem Blutdruck oder Herzkrankheiten.

Jede Krankheit wird, wie ich sagte, durch Überzeugungen verursacht, die in Disharmonie sind und dadurch unsere wichtige Überlebensstrategie beeinträchtigen. Es genügt nicht, unterdrückte Emotionen als Krankheitsursache auszumachen, denn sie werden immer aus einem bestimmten Grund unterdrückt. Ärger, Eifersucht, Groll, Angst, Schuld und so weiter sind Gefühle, die aus Überzeugungen erwachsen. Sie sind Auswirkungen, nicht Ursachen. Um Krankheiten vorzubeugen oder sie zu heilen, müssen wir uns mit dem zugrundeliegenden Konflikt befassen. Solche Konflikte lösen sich oft spontan und in einer Weise, die man vielleicht nicht einmal ganz erfaßt. In einem solchen Fall kommt es zu einer spontanen Heilung. Doch geschieht dies nicht so häufig, daß wir darauf rechnen könnten. Zum Glück haben wir unser Bestimmendes Selbst, das wir einsetzen können, um auf bewußtem Wege zum Ziel zu kommen.

Somographie und Krankheit

Ich präge gerne neue Wörter, und so habe ich denn hier an Ort und Stelle eines für die Zwecke dieses Buches geprägt – *Somographie*. Wie Geographie die Erforschung der Erde (griech. Geo) und ihre Unterteilung in verschiedene Regionen beinhaltet, so ist Somographie die Erforschung des Körpers (Soma) und seine Unterteilung in Regionen.

In alten wie in modernen Zeiten haben diejenigen, die sich für die Beziehung zwischen Körper und Geist interessierten, etwas Erstaunliches beobachtet, nämlich, daß Überzeugungen wie Krankheiten häufig mit bestimmten Körperzonen assoziiert sind. Mehr noch, diese Zonen oder Regionen scheinen meist durch horizontale Unterteilung zustande zu kommen und weder Muskel- noch Skelettstrukturen zu berücksichtigen. Die Erforschung dieses Phänomens nenne ich Somographie, denn mir ist bisher keine adäquate Bezeichung dafür begegnet.

Somographische Unterteilungen wurden auch von anderen Autoren vorgenommen, insbesondere von Wilhelm Reich in seinem Buch *Charakteranalyse,* doch meine eigenen Studien haben dazu geführt, daß ich nicht all ihre Schlußfolgerungen teilen kann. Und so will ich Sie natürlich mit meinem eigenen Klassifikationssystem bekanntmachen, in der Hoffnung, daß es Ihnen helfen wird, die Gedanken zu identifizieren, die Ihren Krankheiten zugrunde liegen.

Region I: Kopf, Schultern, Arme und Beine.
Region II: Brust, Lungen, Herz und oberer Bereich des Rückens.
Region III: Bauchhöhle, Urogenitalsystem, unterer Bereich des Rückens und Gesäß.
Region IV: Beine und Füße.

In den nun folgenden Kapiteln sollen diese Regionen und die mit ihnen assoziierten Vorstellungen und Krankheiten besprochen werden.

Die Rechts/Links-Teilung

Es gibt eine weitere, offensichtliche Unterteilung, über deren Bedeutung im Hinblick auf Krankheiten bis jetzt nur spekuliert werden kann. Es ist die sogenannte Rechts/Links- oder vertikale Unterteilung des Körpers. Was das Aussehen betrifft, unterscheidet sich die rechte Körperseite oft von der linken. Manchmal sind die rechten und linken Arm- und Beinmuskeln unterschiedlich entwickelt, was eventuell auf Spannung zurückzuführen sein könnte; und manchmal ist eine Brust größer als die andere. Der deutlichste Unterschied jedoch zeigt sich im Gesicht. Sie können dies selbst überprüfen, wenn Sie bei einem frontal aufgenommenen Foto einen Spiegel auf die Mittellinie des Gesichts setzen. Richten Sie den Spiegel so aus, daß die eine Gesichtshälte im Spiegel reflektiert wird und sich ein ganzes Gesicht ergibt. Dann drehen Sie den Spiegel um und wiederholen dasselbe mit der anderen Gesichtshälfte. Der Unterschied wird Sie vielleicht überraschen, denn es kann vorkommen, daß es sich um die Gesichter von zwei völlig verschiedenen Menschen zu handeln scheint. Was Sie sehen, ist das Spiegelbild von zwei verschiedenen Aspekten einer Persönlichkeit.

Es ist wahrscheinlich, daß dieser Unterschied mit der Tatsache zu tun hat, daß die linke Gehirnhälfte, die, wie Wissenschaftler ermittelt haben, mit unseren analytischen und sprachlichen Fähigkeiten in Verbindung zu bringen ist, mehr oder weniger die rechte Körperhälfte steuert, während die rechte Gehirnhälfte, die für künstlerische und integrierende Fähigkeiten zuständig ist, größeren Einfluß auf die linke Körperseite ausübt. Man könnte also praktisch sagen, daß die rechte Seite des Körpers stärker »männlich orientiert« und die linke stärker »weiblich orientiert« ist, wobei diese Bezeichnungen als allgemeine Eigenschaften und nicht als Geschlechtsunterschiede zu verstehen sind.

Ich denke, daß diese Teilung zu unserem natürlichen Erbe gehört, und daß sie teilweise auf die Wirkungsweise unseres Gehirns zurückzuführen ist und teilweise darauf, daß wir einen gleich großen Chromosomenanteil von einem männlichen und einem weiblichen Elternteil besitzen. Auf jeden Fall gibt es einige Hinweise darauf, daß unsere Krankheiten die Tendenz zeigen, »Partei zu ergreifen«.

Diesem Gedankengang entsprechend, ist die Tendenz zu erkennen, daß Krankheiten und körperliche Verfassung der rechten Körperhälfte mit männlichen Beziehungen, inklusive Vaterbeziehung, zu tun haben, und die Verfassung der linken Hälfte mit weiblichen Beziehungen, inklusive Mutterbeziehung. Es ist ein interessanter Gedanke, doch ich möchte betonen, daß er noch weitgehend Spekulation ist. Immerhin ist er vielleicht wert, in unsere Überlegungen einbezogen zu werden, wenn wir nach dem Ursprung des Denkens suchen, das einer Krankheit zugrundeliegt.

Was wir nicht aus den Augen verlieren sollten

Obwohl in den nächsten Kapiteln bestimmte Körperregionen und -teile besprochen werden sollen, ist es empfehlenswert, in Erinnerung zu behalten, daß mehrere Gedankenkonflikte gleichzeitig vorhanden sein können, so daß jede Erkrankung mehr als eine Körperregion in Mitleidenschaft ziehen kann. Zusätzlich können bestimmte Überzeugungen als »Brücken« zwischen den mit verschiedenen Körperregionen assoziierten Gedanken fungieren. Aus diesem Grunde kann dann beispielsweise eine Verstopfung auch zu Kopfschmerzen führen. Seien Sie sich stets bewußt, daß Sie ein Ganzes sind und keine Ansammlung von Einzelteilen. Und nun, da dies gesagt ist, wollen wir uns den Einzelteilen zuwenden.

KAPITEL 8

Region I – Das Kommunikationszentrum

Kopf, Hals, Schultern, Arme und Hände bilden zusammen das, was ich das Kommunikationszentrum des Körpers nennen möchte. Es ist die Zone, die am meisten mit der Übermittlung von Gedanken und Gefühlen zu tun hat. Der Kopf ist zuständig für Sehen, Hören, Schmecken, Riechen, Sprechen und eine Unzahl von Ausdrucksmöglichkeiten des Gesichts; der Hals bewegt den Kopf, um Zustimmung oder Ablehnung anzuzeigen; ein Achselzucken kann eine Vielzahl verschiedener Botschaften übermitteln; die Arme können durch Umarmungen und Gesten vieles aussagen; die Hände werden benutzt, um zu berühren, um Signale zu geben und für Ausdrucksweisen wie Schreiben, Malen, Musizieren und anderes mehr. Neben der Kommunikation steht Region I auch in Zusammenhang mit Gefühlen der Anerkennung, der Leistung und der Kompetenz. Im Lichte dieser Aussagen wollen wir nun untersuchen, aus welchen Gründen in Region I etwas falsch läuft.

Der Kopf

Über den Kopf sind wir, vor allem anderen, am unmittelbarsten mit unseren Gedanken über uns selbst und andere konfrontiert. In erster Linie tritt deshalb an dieser Stelle das verbreitetste aller Symptome auf, nämlich Kopfschmerzen. Kopfschmerzen rühren hauptsächlich daher, daß wir versuchen, bestimmte Gedanken zu unterdrücken, weil wir uns fürchten, sie zu denken. Wir können fürchten, daß die Gedanken an sich schädlich oder »sündig« sind, oder aber, daß sie Dinge über uns selbst offenbaren könnten, die wir nicht sehen wollen. Migräne zum Beispiel wird oft mit unterdrückter Wut in Verbindung gebracht. Doch das erklärt noch nicht, warum die Wut unterdrückt wird. Der Grund ist, daß man die Folgen der zornigen Gedanken fürchtet oder glaubt, daß man keine solchen Gedanken haben sollte. Doch die Gedanken sind da; sie suchen ihren natürlichen Ausdruck, und so entsteht der Befehl »denken/nicht denken«, und das Ergebnis sind Kopfschmerzen.

Selbstkritik oder Kritik von anderer Seite kann Kopfschmerzen verursachen, wenn wir uns dagegen wehren, sie zur Kenntnis zu nehmen, weil sie unsere Leistungen oder unsere Kompetenz in Frage stellt. Kritik an anderen kann ebenso wirken, insbesondere dann, wenn wir sie noch unterstreichen durch gewohnheitsmäßige Formulierungen wie »Er/sie/es macht mir Kopfschmerzen«. Empfinden wir es als »Druck«, in einer bestimmten Weise funktionieren zu müssen, und lehnen uns dagegen auf, so kann auch das zu Kopfschmerzen führen. In Wirklichkeit entsteht das Gefühl von Druck durch unsere Rebellion, denn solange unser Kopf nicht physisch in einen Schraubstock gespannt ist, besteht der einzige Druck aus unserer eigenen Reaktion.

In späteren Kapiteln werde ich allgemeine Selbstheilungstechniken beschreiben, doch möchte ich schon hier einige, speziell gegen Kopfschmerzen wirkende erwähnen, die ich selbst und andere als sehr wirksam empfunden haben. Die eine Methode besteht darin, daß man sich auf seine Hände konzentriert und sich vorstellt, sie würden wärmer, ganz so, als würde man sie in warmes Wasser tauchen. Dies wirkt spannungslösend, da Blutzufuhr und emotionale Energie vom Kopf abgelenkt werden. Bei der zweiten Methode stellt man sich vor, daß sich der Kopf sanft dehnt und dadurch innerlich gelockert und frei wird. Beide Techniken wirken gut, doch befreien sie nur von Symptomen. Die Ursache liegt in einem Gedankenkonflikt. Selbst in Fällen, in denen eine organische Entgleisung, etwa ein Tumor, vorliegt, ist die Ursache ein Konflikt in unserem Denken. Wie bei allen organischen Erkrankungen, ist die Manifestation auf physischer Ebene nur das Endresultat einer lange andauernden starken Spannung. Wird der Gedankenkonflikt gelöst, so können die natürlichen Selbstheilungsprozesse des Körpers in Gang kommen.

Ich möchte noch kurz auf das Fieber eingehen, das eine Begleiterscheinung der Kopfschmerzen sein kann, aber nicht sein muß, und das nicht auf den Kopf beschränkt zu bleiben braucht. Es ist das Resultat einer geringfügigeren Spannung, die

den emotionalen Energiefluß zwar einschränkt, aber nicht blok-
kiert. In gewisser Weise könnte man den Vergleich mit einem
elektrischen Widerstand anstellen, der Bügeleisen oder Toaster
heizt. Ein solches Fieber tritt auf, wenn man von irgend etwas
besessen ist, wenn man »darauf brennt«. Auch hier gilt wieder:
Wird der Konflikt gelöst, so verschwindet das Fieber.

Das Gesicht

Haben Sie Angst, einer Sache »ins Gesicht zu sehen« oder fürchten Sie sich, »das Gesicht zu verlieren«? Dann könnte das
Gesicht eine problematische Zone für Sie sein. Irritation angesichts einer Kritik, mangelnde Anerkennung oder Zweifel an der
eigenen Kompetenz können auch Hautprobleme im Gesicht
verursachen. Jugendliche sind häufig von solchen Hautproble-
men betroffen, doch hat dies weniger mit den hormonalen Veränderungen zu tun, als vielmehr mit dem aufkeimenden
Bedürfnis, als kompetente Erwachsene anerkannt zu werden.
Wird dieses Bedürfnis durch Eltern oder Lehrer nicht befriedigt,
so zeigt sich die unterdrückte Irritation deutlich im Gesicht des
Jugendlichen, wobei das Ausmaß dem Grad der Unterdrückung
entspricht. Bei meinen eigenen Kindern habe ich festgestellt,
daß das Auftreten der Symptome auffallend übereinstimmte
mit dem Stand ihrer Beziehungen zu ihren Lehrern, zu meiner
Frau und mir und zu ihren Freundinnen (ich habe nur Söhne).
Sobald die Heranwachsenden ihrem Gefühl nach angemessene
Anerkennung finden, klärt sich ihre Haut. Was das Problem der
Jugendlichen erschwert, ist die Überzeugung der Gesellschaft,
daß »Hautprobleme in diesem Alter natürlich sind«. Übernehmen sie diese Überzeugung, so werden auch ohne Unterdrük-
kungsmechanismen in ihrem Verhältnis zu anderen Hautprobleme auftreten, wenn auch vielleicht weniger ausgeprägt.

Die Augen

Diese wichtigsten unserer Sinnesorgane stehen in direkter Beziehung zu unserer Art und Weise, das Leben und insbesondere

uns selbst »zu sehen«. Sind wir beispielsweise überzeugt, daß die Zukunft viele Gefahren in sich birgt, und wollen diese nicht sehen, so könnte sich eine Kurzsichtigkeit entwickeln. Glauben wir, daß die größte Gefahr in der Gegenwart liegt, so könnte Weitsichtigkeit die Folge sein. In solchen Fällen verstärkt das zur Gewohnheit gewordene Tragen einer Brille dieses Denken nur, denn es unterstreicht die Abhängigkeit von einem Gegenstand. Auch kann die Brille als Schutzschild gegenüber anderen Menschen dienen. Das Sehvermögen von zwei Kurzsichtigen, die mich konsultierten, hat sich bedeutend verbessert durch zunehmende allgemeine Erkenntnis, ein erstarkendes Gefühl der eigenen Kompetenz und den starken *Wunsch,* eine Besserung herbeizuführen, ein Prozeß, der durch Heiltechniken unterstützt wurde.

Manche Sehfehler stehen in Zusammenhang mit Widerstand gegen die Eltern. Ich kenne zwei Fälle, in denen ein Astigmatismus des rechten Auges durch unterdrückte Gefühle dem Vater gegenüber bedingt war. (Sie erinnern sich an die Rechts/Links-Teilung!) In einem dieser Fälle war der Sehfehler mit dem Tode des Vaters behoben. Sie brauchen jedoch nicht zu warten bis Ihr Vater stirbt. Das einzig Erforderliche ist die Lösung des geistigen Konflikts.

Überanstrengung der Augen, grüner und grauer Star, Verlust des Sehvermögens und andere Fehlleistungen des Auges werden durch Spannungen verursacht. In den Medien kam es kürzlich zu einer Kontroverse über die Frage, ob der Genuß von Marihuana Erleichterung bei bestimmten Augenleiden bringen kann. Der Grund für den günstigen Einfluß dieser Droge ist ihre entspannende Wirkung. In manchen Fällen jedoch ist die Spannung nicht das Resultat von Beziehungskonflikten, sondern beruht auf einer falschen Ansicht über den Gebrauch der Augen. Eine Telefonistin, mit der ich einmal arbeitete, hatte zunehmend Schwierigkeiten, die kleingedruckten Telefonnummern zu erkennen. Sie glaubte ganz einfach, es sei nötig, die Augen zusammenzukneifen und anzuspannen, um bei schlechtem Licht besser lesen zu können. Nachdem sie gelernt hatte, ein paar tiefe Atemzüge zu tun und ihre Augen durch Imagination zu entspannen, verbesserte sich ihre Fähigkeit, ohne Anspannung zu sehen, beträchtlich.

Der Zustand unserer Augen wird auch in hohem Maße davon beeinflußt, wie die Augen unserer Eltern sind. Tragen unsere Eltern eine Brille, so ist die Wahrscheinlichkeit groß, daß auch wir Brillenträger werden. Doch ist hierbei nicht Erblichkeit der bestimmende Faktor, sondern die Überzeugung, daß man, wie die Eltern, eine Brille brauchen wird, vielleicht auch, daß »es eben in der Familie liegt« (was es tatsächlich tut – wenn auch nur in den Köpfen), daß man eine Brille braucht, wenn man bei schlechtem Licht liest (wofür es keinen wissenschaftlichen Beweis gibt, da sich nicht das mangelnde Licht, sondern die Anspannung auf die Augen auswirkt), oder daß man eben von einem gewissen Alter an eine Brille braucht.

Dieser letztere Glaube kann zu dem führen, was in der Psychosomatik als Wiederholungssyndrom bekannt ist. Es kann an jeder beliebigen Stelle des Körpers auftreten, doch wir wollen es hier besprechen. Das Wiederholungssyndrom wirkt auf zweierlei Weise. Zum einen kann ein Symptom im selben Alter auftreten, in dem ein Elternteil davon betroffen war. Das kommt daher, daß irgendwo in unserem Glaubenssystem die Vorstellung verankert ist, daß in einem bestimmten Alter mit diesem Symptom zu rechnen ist. Rückt nun der entsprechende Geburtstag näher, so wird unser Aktives Selbst automatisch die Spannung aufbauen, die erforderlich ist, um das entsprechende Symptom zuwege zu bringen und damit unsere Überzeugung bestätigen. Es ist dem menschlichen Einfallsreichtum und der menschlichen Kreativität hoch anzurechnen, daß selbst dieser Vorgang noch dem Überleben dienlich sein kann. Vor einigen Tagen erhielt meine Frau einen Anruf von einem Freund in den sechzig, der sich, wie er berichtete, gerade von einem Herzanfall erholt hatte. Dann erzählte er, daß sein Vater im selben Alter ebenfalls einen solchen Anfall gehabt habe und danach noch über achtzig geworden sei. Es ist gut möglich, daß unser Freund nun glaubt, dieser Herzanfall sei eine Art magische Garantie dafür, daß auch er länger leben wird, oder eine »Prüfung«, die er zu bestehen hatte.

Die zweite Art von Wiederholungssystem ähnelt mehr dem »Feiern« (was nicht gerade das passendste Wort ist) des Jahrestags eines traumatischen Erlebnisses in unserem Leben. Haben wir als Kind im Dezember etwas sehr Unerfreuliches mit ange-

sehen, so könnte es sein, daß Assoziationen mit dem Dezemberwetter, mit Festtagskleidung oder was auch immer entstanden sind. Und so könnte es geschehen, daß wir jedes Jahr um
die Zeit, da wir uns an das betreffende Erlebnis erinnern, Probleme mit unseren Augen haben. Wir wehren uns dann dagegen, es zu sehen. Doch auch Leute, die häufig etwas Derartiges
erleben, stellen keinen Zusammenhang zwischen ihrer körperlichen Verfassung und dem Jahrestag her. Leiden auch Sie an
einem Wiederholungssyndrom irgendeiner Art, so üben Sie sich
in der Erkenntnis, daß Sie *nicht verpflichtet sind,* in die »körperlichen Fußstapfen« Ihrer Eltern zu treten oder weiterhin Krankheiten zu »feiern«.

Mangelnde Sehkraft kann mit geringem Selbstwertgefühl
zusammenhängen, mit übertriebener Bescheidenheit oder mit
der Furcht, aggressiv zu wirken und damit Konsequenzen heraufzubeschwören. Unter Tieren ist es ein Zeichen von Aggression, dem Gegenüber direkt in die Augen zu blicken. Das ist der
Grund dafür, daß Mitglieder der Hunde- wie der Katzenfamilie
für gewöhnlich unserem unverwandten Blick ausweichen werden. Es geht nicht darum, daß unsere Überlegenheit als Mensch
sie eingeschüchtert haben könnte. Sie geben nur auf höfliche
Weise zu verstehen, daß sie nicht herausfordern wollen. Unter
Menschen kann ein direktes In-die-Augen-Blicken ein Signal
der Aggression oder der Selbstbehauptung sein oder auch des
Wunsches nach Intimität. Es wird deshalb als unhöflich angesehen, jemanden anzustarren. Und so werden manche ein schwaches Sehvermögen entwickeln und dem womöglich noch schützende Brillengläser hinzufügen, um keine furchterregenden
Gefühle in ihrem Gegenüber herauszufordern.

Die Ohren

In vielen Fällen besteht ein Zusammenhang zwischen Ohrenschmerzen oder Verlust des Gehörs und dem Widerstreben
dagegen, Kritik anzuhören, Kritik sowohl von unserem eigenen
inneren Selbst als auch von anderen. Ohrenschmerzen sprechen besonders gut auf spannungslösende Übungen an. Ist
jedoch der Punkt erreicht, wo Infektion und Schwellungen den

Druck noch verstärken, wird es offensichtlich ratsam, die Arbeit an unserem Glaubenssystem und die Entspannungsübungen durch medizinische Behandlung zu ergänzen. Denken Sie stets daran, es geht darum, gesund zu werden, und nicht darum, eine Methode durch Ausschließen aller anderen zu beweisen. In diesem Buch lege ich den Nachdruck auf Imagination zur Verbesserung des Gesundheitszustandes, wie ich bereits im Vorwort dargelegt habe, doch bestehe ich nicht darauf, alle sonstigen Formen der Behandlung abzuschaffen, insbesondere nicht solche, die der gesunde Menschenverstand empfiehlt. Dies wurde mir auf signifikante Weise deutlich bei der Behandlung einer Frau, die an starken Ohrenschmerzen litt. Wie sie mir berichtete, lag nach Auskunft der Ärzte keine organische Ursache vor. Ich schulte sie also in Entspannungstechniken und Methoden zur Lösung von Gedankenkonflikten, doch wir erzielten nur vorübergehende Besserung. Etwa ein Jahr später besuchte sie mich und erzählte, daß ein anderer Arzt schließlich einen in ihrem Gehörgang festsitzenden Wattepfropfen gefunden und entfernt hatte, und daß ihr Ohr nun in Ordnung sei. Nun glaube ich persönlich, daß das Auffinden des Wattepfropfens zeitlich zusammenfiel mit einem in ihrem Inneren gefaßten Beschluß, den Konflikt nun endlich zu lösen. Doch jemand mußte den Wattepfropfen herausholen. Dementsprechend zögere ich auch nicht, bei Ohrenschmerzen ein Mittel zum Auflösen von Ohrenschmalz zu verwenden, wenn sich im Gehörgang ein Klumpen gebildet hat – und zwar gebrauche ich es *zusätzlich* zu Imaginationstechniken.

In unserer Zivilisation wird nachlassendes Gehör oft mit Altern in Verbindung gebracht. Genau wie beim Nachlassen der Sehkraft und einer Anzahl anderer Symptome, ist die Hauptursache der in der Gesellschaft verbreitete Glaube, daß diese Erscheinungen im Alter natürlich sind. Das trifft nicht zu. Es gibt, ganz gleich in welchem Alter, keinen natürlichen Grund für den Verlust irgendeiner sensorischen Fähigkeit, solange wir unseren gesunden Glauben an diese Fähigkeit aufrechterhalten.

Schwindel und Gleichgewichtsstörungen können mit Problemen im Innenohr zusammenhängen, wo sich das Gleichgewichtsorgan befindet. Diese Symptome stehen jedoch auch in Zusammenhang mit dem Gedanken, daß unser Leben gründlich aus dem Gleichgewicht geraten ist, oder daß die Dinge so außer Kontrolle und so verworren sind, daß uns davon ganz schwindlig wird. Die körperlichen Auswirkungen sind das Resultat unseres Versuches, diese Gefühle zu verdrängen.

Der Mund

Der Mund ist das wichtigste Kommunikationsorgan, das wir besitzen. Als Kleinkind schon gebrauchen wir ihn, außer um Nahrung aus der Umwelt aufzunehmen, auch um unser Mißvergnügen zu zeigen, indem wir Nahrung wieder ausspucken oder beißen, und wir gebrauchen ihn, um allerlei kennenzulernen, von Brustwarzen bis zu Sand. Wenn wir heranwachsen, gebrauchen wir den Mund für das wunderbare Phänomen Sprache wie auch zum Spucken, Küssen und vielleicht wiederum zum Beißen.

Mit dem Mund können wir der ganzen Bandbreite unserer Empfindungen Ausdruck verleihen, und dementsprechend kann er auch das Zentrum von sehr viel Verdrängung sein. Sämtliche Sprachbehinderungen, die nicht auf angeborene Fehler zurückzuführen sind, haben ihre Wurzeln in irgendeiner Verdrängung. Stottern und Lispeln sind hervorragende Beispiele, die beide gut auf Entspannungstherapie und Stärkung des Selbstvertrauens ansprechen.

Aus eigener Erfahrung weiß ich, daß ein Ausschlag an den Lippen, Herpes genannt, entsteht, wenn Worte des Ärgers unterdrückt werden. Bis vor wenigen Jahren hatte ich nie damit zu tun gehabt, doch dann kam mein Körperbewußtsein auf die Idee, vermutlich in Zusammenhang mit meinen Studien über Krankheit, daß dies eine gute Art und Weise sei, mich aufmerksam zu machen, wenn ich ärgerliche Worte unterdrückte. (Vorher hatte es hierfür andere Methoden gebraucht.) Als ich lernte, mich auf diese Hautreaktion einzustimmen, erreichte ich einen Punkt, wo ich fühlen konnte, wie sich Herpesbläschen zu bilden begannen, kurz nachdem ich eine hitzige Erwiderung unterdrückt hatte. Obwohl der Ausschlag im allgemeinen drei Tage oder länger dauert, konnte ich vor dem Spiegel beobachten, wie er innerhalb von einer Stunde abklang, wenn ich meine Emotionen abreagierte und die Gedanken änderte, die diese ausgelöst hatten. Wenn mir das gelungen ist, dann können auch Sie es schaffen.

Wenn ich hier davon spreche, daß man seinen Emotionen Ausdruck verleihen sollte, so möchte ich nachdrücklich darauf hinweisen, daß ich hierunter verstehe, daß man sich gestatten sollte, sie ungehindert zu *fühlen*. Man drückt sie vor sich selbst aus. Man braucht sie nicht denjenigen mitzuteilen, über die man sich ärgert. Es ist der freie Fluß der Emotionen, um den es geht. Das heißt, es wäre nicht richtig, seinem Chef einen Kinnhaken zu verpassen, auf seiner Frau herumzutrampeln oder jemanden mit einem Backstein zu erschlagen. Doch ist es durchaus in Ordnung, wenn einem *danach zumute ist*. Wird das Bedürfnis so stark, daß es nach physischem Ausdruck verlangt, so schreien Sie in ein Handtuch, beißen in ein Kissen oder boxen gegen einen Pappkarton. Wählen Sie ein geeignetes Ventil, das Sie nicht in Schwierigkeiten bringt, aber auf jeden Fall *fühlen* Sie. Durch Befolgung dieses einfachen Rates könnten die meisten, wenn nicht sogar alle Krankheitssymptome enorm gelindert werden. Die Methode wirkt bei Emotionen wie Ärger, Angst, Eifersucht, wie auch bei allen sonstigen.

Zähne werden nicht nur zum Essen gebraucht, sie repräsentieren auch eines unserer wenigen natürlichen Mittel der Verteidigung – das Beißen. Als Kinder versuchen wir mit aller Selbstverständlichkeit, es anzuwenden, doch wir werden im allgemeinen gezwungen davon Abstand zu nehmen, sobald wir imstande sind, hart genug zuzubeißen, um zu verletzen. Trotzdem bleibt der Impuls zu beißen Teil unserer Natur, auch wenn wir ihn noch so sehr verdrängen. Aus Mangel an ausreichenden Beweisen kann ich nur als Theorie vorbringen, daß meiner Meinung nach Zahnverfall und sonstige Zahnprobleme die Folge von Spannungen sind, hervorgerufen durch die Verdrängung von Emotionen, die uns angesichts geistig oder physisch wahrgenommener Gefahren dazu drängen zu beißen. Entspannungstherapien können Zahnschmerzen lindern, also sind Spannungen vorhanden. Es versteht sich meiner Meinung nach von selbst, daß chronische Spannung entweder zu Zahnverfall führen oder zumindest die Zähne anfälliger für Einwirkungen von außen, zum Beispiel durch Zucker, machen kann. Es könnte sich als fruchtbar erweisen, zum Abreagieren von Spannungen eine Therapieform zu entwickeln, die auf Beißen oder Beißbewegungen basiert. Ich habe den Verdacht, daß das Resultat weniger Löcher in den Zähnen und bessere Ergebnisse bei Kontrolluntersuchungen sein könnten. Ich denke, daß der Drang zu beißen zum großen Teil eine Reaktion auf Kritik ist. Derselben Art von Spannung wäre auch das Zahnfleisch ausgesetzt.

Die Nase

Es kann sein, daß die Nase als Riechorgan eine Rolle bei der Auslösung von Symptomen spielt, denen die Erinnerung an Erlebnisse zugrundeliegen, die wir mit bestimmten Gerüchen assoziiert haben. Es ist auch möglich, daß Probleme mit unserem Riechorgan von der verdrängten Furcht herrühren, »unsere Nase in anderer Leute Angelegenheiten zu stecken«. So unsinnig es klingen mag, das wäre typisch für die Art unseres Aktiven Selbst, verbalen Ausdruck in körperlichen zu übersetzen. Unser Aktives Selbst tendiert nämlich dazu, unsere gewohnten Formulierungen wörtlich zu nehmen, so daß dann zum Beispiel die Furcht, »naseweis« zu erscheinen, zu krankheitsauslösenden Spannungen führen könnte.

Als Teil des Atmungssystems jedoch ist die Nase ein wichtiger Faktor bei Erkältungskrankheiten. Obwohl von dem, was wir eine einfache Erkältung nennen, außer der Nase auch Augen, Ohren, Nebenhöhlen, Hals und Brust betroffen sein können, wollen wir diese unangenehme Erscheinung in diesem, der Nase gewidmeten Kapitel besprechen.

Zunächst einmal hat eine Erkältung, wenn überhaupt, wenig mit Viren oder ansteckenden Bakterien zu tun. Sie werden sich also bei niemandem »anstecken«, es sei denn, Sie sind geistig und emotional dazu disponiert. Eine solche Disposition könnte beinhalten, daß Sie in ähnlicher emotionaler Verfassung sind oder überzeugt, Sie würden sich durch diesen Kontakt anstekken. Auch die Überzeugung, daß Zugluft, nasse Füße, kalte Witterung oder vom Regen durchnäßt zu werden Erkältungen verursacht, kann zu einer solchen führen. An sich wird hier außer Unbehagen gar nichts verursacht. Ich wage zu behaupten, daß die meisten Erkältungskrankheiten Substitut für eine einfache

Handlung, nämlich für Weinen sind oder entstehen, weil das Weinen unterdrückt wurde.

Denken Sie daran, wie ähnlich die Auswirkungen sind: laufende oder verstopfte Nase, verstopfte Nebenhöhlen, tränende Augen, verschwollener Hals, Schluchzen beziehungsweise Husten in der Brust. Weinen ist oft eine natürliche Reaktion auf Gefühle der Hilflosigkeit und der Frustration. Wird diese natürliche Reaktion unterdrückt, »weil Männer nicht weinen«, »weil Weinen ein Zeichen von Schwäche ist«, und man sich weigert, schwach zu sein, oder aus ähnlichen Gründen, so werden ideale Bedingungen für eine Erkältung geschaffen. Nun können Erkältungskrankheiten gemildert werden, wenn man sich richtig ausweint. Doch eine noch schnellere Methode besteht darin, sich seine Gefühle der Hilflosigkeit und der Frustration einzugestehen und das Denken dahinter zu erkennen und zu ändern. Erledigt man diese Aufgabe gründlich, so können die Erkältungserscheinungen innerhalb von wenigen Minuten verschwinden. In meiner Familie, wo jeder gelernt hat, daß positive Einflußnahme immer und in jeder Situation möglich ist, war seit Jahren niemand mehr erkältet. Nachdem die Ansichten über das Zustandekommen von Erkältungen und die Verdrängung von Gefühlen als Krankheitsursache behandelt worden sind, bleibt noch zu erwähnen, daß eine Erkältung auch praktischen Zwecken dienen kann: Sie bietet Gelegenheit, sich eine Weile von Arbeit und menschlichen Beziehungen zu erholen. In einem solchen Fall ist es am besten, sie einfach über sich ergehen zu lassen, obwohl das Leiden eigentlich unnötig ist.

Weitere Beschwerden, die mit unterdrücktem Weinen in Zusammenhang stehen können, sind häufiges Niesen, Schleimabsonderung in den Nasen-Rachenraum (Nach-innen-weinen), chronische Sinusitis und plötzliches Nasenbluten.

Der Hals

Die Beziehung zwischen Hals und Weinen wurde bereits erwähnt. Der Hals ist aber auch der »Kanal«, durch den wir Nahrung aufnehmen. Wir neigen dazu, symbolisch eine Verbindung zwischen Nahrung und Ideen herzustellen (symbolisch zumindest für unser Bestimmendes Selbst, unser Aktives Selbst nimmt die Aussagen wörtlich). Diese Symbolik wird deutlich durch Formulierungen wie »geistige Nahrung«, »Glaubst du, das würde ich schlucken?«, »Das Buch ist ungenießbar«, »Das Wort blieb mir im Halse stecken«, »Das Wissen wurde ihm eingetrichtert«. Der Hals und die Drüsen und Organe am und im Hals können anschwellen und sich entzünden, wenn eine ablehnende Äußerung zu einem für uns unannehmbaren Gedanken unterdrückt wird. Unterdrückt aber wird eine solche Äußerung, weil man sich fürchtet oder glaubt, es sei unrecht, seine Ablehnung auszusprechen.

Halserkrankungen können auch durch das Abwürgen einer Reaktion verursacht werden. Sprachlicher Ausdruck und Laute der Leidenschaft wie des Leidens drängen durch unsere Kehle nach außen; werden sie nun durch den Befehl »nicht handeln« abgeschnitten, so kann es zu Schwellungen kommen.

Ein junger Mann, der mich konsultierte, litt an einer so starken Verengung im Halsbereich, daß zu einer Krankenhauseinweisung geraten wurde. Als Ursache war ein körperliches Trauma diagnostiziert worden, das er eine Woche zuvor erlitten hatte, als ihn ein Freund bei einem Streit wütend an der Kehle packte. Ich fand heraus, daß der Junge dem Freund noch nicht einmal Vorwürfe gemacht, sondern einfach geschwiegen hatte. Bevor über eine stationäre Behandlung entschieden wurde, machte ich zwei Stunden lang Entspannungsübungen mit ihm und ermutigte ihn, die Gefühle zu äußern, die er im Zusammenhang mit dem Zwischenfall hatte, wobei ich ihm versicherte, daß dies nicht unmännlich sei. Während dieser Stunden ließ er seinen Gefühlen dann auch freien Lauf und bekannte unter Schluchzen, wie tief verletzt er war. Anschließend schlief er die Nacht durch und war am Morgen gesund. Hätten diese beiden Stunden nichts bewirkt, so hätte ich ihn, mit meinem Segen, in die Klinik eingewiesen, aber zum Glück war es überflüssig geworden.

Mandelentzündungen und das Anschwellen der Lymph- und Speicheldrüsen am Hals können auf ähnliche Verdrängungen zurückzuführen sein. Ich bekam zum ersten Mal in meinem Leben Mandelentzündung, als ich in der Marine bei einer Übung – für mein Gefühl zu unrecht – einen Verweis bekommen hatte und mich nicht verteidigen durfte. (Meine Kompetenz wurde angezweifelt.) Ich wurde damals mit Antibiotika behandelt, habe aber bei späteren Mandelentzündungen mit Erfolg Imaginationstechniken angewandt. Trotzdem können Antibiotika zur Behandlung einer Mandelentzündung oder Streptokokkeninfektion gute Dienste leisten. Sie sollten sie daher nicht mißachten und von vornherein ablehnen. Verwenden Sie jeweils das, was am besten wirkt. Doch werden Sie selbst merken, daß auch Medikamente besser wirken, wenn sie mit Techniken kombiniert werden, wie sie in diesem Buch beschrieben sind.

Der Nacken

Ich möchte hier noch ein paar Worte zu Steifheit und Schmerzen sagen. Als Kind war ich ziemlich »halsstarrig«, ein eigensinniger Lümmel, der nicht gerne Zugeständnisse machte, wo die Ansichten anderer seiner Meinung nach falsch waren. Und so litt ich oft an steifem Nacken. Ein Vorfall ist mir in lebhafter Erinnerung. Ich wurde damals auf eine Grundschule in Kalifornien geschickt und mußte, auf nachdrücklichen Wunsch meiner Mutter, Anzug und Krawatte tragen. Unnötig zu sagen, daß diese Aufmachung höchst unangebracht war, und ebenso unnötig zu sagen, daß mein Nacken auf der linken Seite steif wurde. Ich bin heute noch ebenso eigensinnig, doch scheue ich mich nicht mehr, dem Ausdruck zu verleihen.

Nackenschmerzen können auch eine Reaktion auf sehr unangenehme Menschen oder Situationen sein, die uns »im Nacken« sitzen. Solche Schmerzen werden ausnahmslos durch Spannung verursacht, und diese Spannung wird häufig ausgelöst oder verstärkt durch wiederholte Äußerungen oder Gedanken, mit denen wir uns bestätigen, daß die Person beziehungsweise Situation dem Bild entspricht, das wir uns gefühlsmäßig gemacht haben. Meine Frau bekam für gewöhnlich Nackenschmerzen, wenn sie eine stark befahrene Autobahn benutzen mußte. Sie hätte ihre Haltung gegenüber stark befahrenen Autobahnen ändern und sich mit Erfolg aus dieser Lage »herausimaginieren« können, doch sie wählte eine ebenso erfolgreiche Alternative: Sie meidet die Autobahnen jetzt.

Die Schultern

Die Schultern sind ein erstaunlich ausdrucksvoller Teil der menschlichen Anatomie. Schon ein einfaches Achselzucken kann vielerlei ausdrücken: »Wer weiß?«, »Was könnte ich schon dran ändern?« oder »Na und?«. Durch eine leichte Drehung der Schulter kann man jemandem signalisieren, daß er unerwünscht ist. Eine Schulterdrehung kann bei einer hübschen Dame ein übertriebener intimer Willkommensgruß sein. Die Schultern können auch die Empfindungen und Ansichten widerspiegeln, die wir so für gewöhnlich hinsichtlich des Lebens hegen. Breite Schultern können Vertrauen ausstrahlen in das eigene Vermögen, mit gar allem fertig zu werden. Hochgezogene Schultern deuten an, daß man sich in einem chronischen Angstzustand befindet, so als würde man jeden Augenblick einen Schlag von hinten erwarten. Übermäßig hängende Schultern vermitteln den Eindruck, daß man das Leben als untragbar schwere Bürde empfindet. Gespannt nach vorn gebeugte Schultern, wie die eines Preisboxers, sind Zeichen für eine ständige Angriffshaltung. Die Schultern eines meiner Verwandten sind zugleich gespannt nach vorn gebeugt und extrem abfallend, was darauf hinweist, daß das Leben aus seiner Sicht ein harter Kampf ist. Ständig gestraffte Schultern scheinen zu zeigen, daß es einen große Anstrengung kostet, nicht anzugreifen. Seltsamerweise ist diese Schulterhaltung oft begleitet von einem agressiv nach vorn gestreckten Kinn, als wollte man sein Gegenüber herausfordern, den ersten Schlag auszuführen.

Eine überraschend große Anzahl von Leuten kann die Schultern nicht wirklich frei und locker bewegen. Als ich Kurse in einer, Kalana genannten, polynesischen Form von »Meditation in Bewegung« gab, bemerkte ich, daß es der Mehrzahl der Kursteilnehmer sehr schwer fiel, die Arme frei vom Körper weg zu bewegen. Es war, als wäre es ihnen ein gewohntes Bedürfnis, die Arme schützend in Körpernähe zu halten. Beobachtet man die Menschen im allgemeinen, so scheint es sich dabei um eine weitverbreitete Gewohnheit zu handeln, was deutlich zeigt, daß es viele ängstliche Menschen gibt. Eine chronische Spannung in der Schulterpartie verhindert ein freies Schwingen der Arme. Je sicherer wir innerlich sind, desto ungezwungener gehen wir mit weit ausholenden Armbewegungen um.

Aus den Schultern kommt jede Bewegung der Arme, mit der wir uns Menschen und Dingen zuwenden, sei es, um herzlich zu umarmen oder um im Ärger zuzuschlagen. Wird die emotionale Kraft dieser Impulse gebremst, so können ernste Bewegungshemmungen sowie Schmerzen und/oder eine Schleimbeutelentzündung die Folge sein. Entspannungstechniken können hier Wunder vollbringen, doch eine gründliche Auseinandersetzung mit den widersprüchlichen Gedanken kann verhindern, daß die Symptome erneut auftreten.

Die Arme

Angelpunkt der Probleme ist hier in erster Linie der Ellenbogen. Wie bei allen Gelenken kann Steifheit und Anschwellen das Resultat mangelnder Flexibilität des Denkens sein. Beim Ellenbogen hat es wahrscheinlich zu tun mit einem Widerstand in Zusammenhang mit Erfolg oder unserem Gefühl der eigenen Kompetenz. Es könnte sich auch um Widerstand gegen jemanden handeln, der »seine Ellenbogen gebraucht«, um uns hinauszudrängen, oder um einen Konflikt in Zusammenhang damit, daß man selbst »keine Ellenbogen hat«, um irgendwo hineinzukommen. Vielleicht ist da auch ein Widerstreben dagegen, »Ellenbogenschmalz« einzusetzen in einer Situation, von der wir wissen, daß sie Arbeitseinsatz verlangt.

Die Arme selbst sind hauptsächlich für Hautirritationen, wie Ausschläge, Jucken, Brennen und so weiter anfällig. Fragen Sie sich selbst, ob jemand oder etwas Sie »irritiert«, ob es Sie »juckt«, jemanden zu schlagen oder etwas in Angriff zu nehmen, Sie sich aber frustriert fühlen. Vielleicht »brennen Sie auch vor Ungeduld«. Überall am Körper können Hautprobleme auftreten, wenn innere Probleme an die Oberfläche kommen. An den Armen jedoch werden sie in erster Linie mit unserem Denken in bezug auf Kompetenz, Anerkennung und Erfolg zusammenhängen.

Die Hände

Diese phantastischen Anhängsel haben eine unglaubliche Bandbreite von Ausdrucks- und Verwendungsmöglichkeiten. Sie können unseren Gedanken Ausdruck geben durch Literatur, Kunst, Musik, Zeichensprache und Gesten. Vor Jahren sah ich ein Schauspiel, in dem ein Mann und eine Frau sich kennenlernten und verliebten, auf tragische Weise getrennt und zuletzt glücklich wiedervereint wurden. Das Bemerkenswerte war, daß all dies ohne Worte und Requisiten geschah, und daß die Hauptdarsteller Hände waren.

Hände können formen oder zerstören, schmeicheln oder schlagen, geben oder an sich reißen, festhalten oder freigeben, erforschen oder zurückstoßen. Ihre Form und ihre Linien können Anhaltspunkte geben für Alter und Geschlecht, Persönlichkeit und Karriere. Ihrer erstaunlichen Vielseitigkeit wegen sind sie einer Vielzahl von geistigen·Konflikten ausgesetzt, die sich im wesentlichen um Kommunikation und Verwirklichung drehen.

Schlechte Blutzirkulation und als Folge ständig kalte Hände können zusammenhängen mit einem Konflikt zwischen dem Wunsch und der Angst, einen anderen Menschen zu berühren. Schwitzende Hände sind wahrscheinlich eher zurückzuführen auf die Furcht, Fehler zu machen und lächerlich (inkompetent) zu erscheinen. Krämpfe oder andere Probleme können davon herrühren, daß man sich scheut, jemandem »eine hilfreiche Hand« zu bieten oder selbst eine solche anzunehmen. Es könnte auch ein Konflikt darüber im Spiel sein, ob man etwas noch »in der Hand hat«. So kannte ich eine Frau, die sich beide Daumen verletzte, kurz nachdem sie sich gefragt hatte, warum sie die Dinge »aus dem Griff verlor«.

Menschen, die bei ihrer Arbeit ihre Hände viel gebrauchen, wie Schriftsteller, Musiker und Künstler, können an heftigen Krämpfen leiden, wenn sie hinsichtlich ihrer Fähigkeiten oder dessen, was sie durch ihr Werk vermitteln, in Konflikt geraten. Ich habe über den Fall eines Mannes gelesen, der sich selbst in erster Linie als Künstler sah und der, als er schrieb, schlimme Krämpfe bekam. Er fühlte sich schuldig, weil er nicht seine »normalen« Ausdrucksmittel verwendete, und weil er sich außerstande fühlte, verbal mit seiner Mutter zu kommunizieren.

Arthritis, eine schmerzhafte Gelenkentzündung, tritt sehr häufig an den Händen auf. Man hat herausgefunden, daß die Persönlichkeit des typischen Arthritispatienten mehr oder weniger starr, perfektionistisch und beherrschend ist (wobei das Herrschen auf sehr subtile Weise geschehen kann). Wir haben hier einen Mangel an Flexibilität, gepaart mit strenger Kritik an sich selbst und anderen, die verdrängt wird und sich in den Händen widerspiegelt. Entspannungstechniken können für eine gewisse Zeit sehr hilfreich sein. Endgültig überwunden werden kann die Krankheit durch eine Änderung der Einstellung. Ich habe eine bemerkenswerte Wandlung an den Händen einer Frau erlebt, die zusätzlich zu ihren Entspannungsübungen begann, ihr Selbstwertgefühl und ihren Glauben an die eigene Kompetenz zu stärken.

Neben allen anderen Fähigkeiten haben die Hände ein enormes Potential zur Aussendung von heilender Energie. Einige Anwendungsmöglichkeiten werde ich in Teil III besprechen.

KAPITEL 9

Region II – Das Identitätszentrum

Die Brust

Die Brustregion, das heißt die Körperregion zwischen Zwerchfell und Hals, empfinden wir unbewußt als den Sitz unserer Identität. Ich weiß, die meisten denken sich unseren menschlichen »Geist« im Kopf, sofern sie überhaupt über diese Frage nachdenken, doch ganz spontan plazieren wir unsere Identität ein wenig tiefer. Wenn Sie je einen Tarzan-Film gesehen haben, werden Sie sich erinnern, daß der Titelheld sich auf die Brust klopfte, wenn er »ich, Tarzan«, sagte. Das hatte nichts damit zu tun, daß er von Gorillas aufgezogen worden war. Es ist die natürlichste Sache der Welt, daß ein Mensch auf seine Brust zeigt oder sie berührt, wenn er betonen will, *ich* äußere diese oder jene Meinung, *ich* habe eine gewisse Bedeutung oder *ich* bin sehr glücklich (im letzteren Fall werden dazu häufig beide Hände verwendet). Diese Identifikationsgeste geht über alle kulturellen Barrieren hinweg. Man könnte ebenso gut auf seinen Kopf zeigen, aber man tut es nicht. Es ist, als hätte unsere Identität auf biologischer Ebene ihren Sitz in unserer Brust. Wie sich zeigt, gilt dies auch für die emotionale und die Glaubensebene.

Da diese Körperregion das Identitätszentrum ist, werden hier auch die Gedanken angesiedelt, die mit Selbstwert, Ablehnung, Mitgefühl (Identifikation mit anderen), Selbstbehauptung, Stolz und Demut zusammenhängen. Im weitesten Sinne können wir auch Integrität und das Gefühl unserer Kontinuität als Gesamtpersönlichkeit dazurechnen. Die Regungen, die allgemein am meisten mit dieser Region in Verbindung gebracht werden, sind Freude (von sehr vielen als Liebe bezeichnet) und Angst (um das eigene Leben oder vor einem Verlust). Die erstere ist für gewöhnlich sehr gefühlsbetont, die letztere dagegen ist sehr gefühlsarm oder versucht zumindest, sich so zu geben. Vielleicht ist es kein Zufall, daß zur »soldatischen Haltung« eine imponierend vorgewölbte Brust gehört, denn unter Berufssoldaten ist Unempfindlichkeit eine Tugend.

Die Brüste

Eine der abscheulichsten Äußerungen, die mir je zu Ohren gekommen sind, kam vor etwa einem Jahr von einem Chirurgen. Er hatte die Idee, daß an allen weiblichen Säuglingen gleich nach der Geburt eine Mastektomie im Kleinformat vorgenommen werden sollte, um die spätere Gefahr von Brustkrebs auszuschalten. Das ist ein extremes Beispiel dafür, wohin mechanistische Logik führen kann. Der Körper ist eine Maschine, ergo nimmt man Korrekturen vor, ehe etwas kaputtgeht. Das Angstweckende daran ist, daß er es ernst meinte.

Brustkrebs kommt hauptsächlich bei Frauen vor und ist eine direkte Auswirkung von Selbstwertkonflikten. Er steht in enger Beziehung zu der Verdrängung von Gefühlen, die mit extremer Angst vor Zurückweisung zusammenhängen. Typisch für Frauen mit Brustkrebs ist, daß sie große Schwierigkeiten haben, Gefühle zum Ausdruck zu bringen, haben sie doch nicht nur vor den Gefühlen Angst, sondern auch vor den Gedanken, die ihnen zugrundeliegen. Einer der Hauptgedanken ist: »Ich bin so wertlos, daß niemand mich akzeptieren würde, der mich wirklich kennt.« Das Problem dieser Frauen wäre nicht ganz so groß, wenn sie wirklich ganz und gar von ihrer Wertlosigkeit überzeugt wären. Die Sache ist die, daß in unserer Gesellschaft die Frau sowohl glorifiziert als auch mißachtet wird. Eine Folge hiervon kann der Konflikt »Ich bin wertlos/ich bin wertvoll« sein. Auf der positiven Seite wiegt ein tiefes biologisches und spirituelles Wissen, daß man wertvoll ist, ganz einfach weil man existiert. Die negative Seite wird durch vielerlei beschwert. Hierunter fallen auch religiöse Auffassungen, nach denen der Wert des Individuums im allgemeinen und der Wert der Frau im besonderen verleugnet wird. So scheint es mir offensichtlich, daß lange Jahre, während derer man sich mit den Worten »O Herr, ich bin wertlos« oder »O Herr, ich bin ein wertloser Sünder« an die Brust geschlagen hat, doch immerhin einige Auswirkung auf das Bild haben müssen, das man sich von sich selbst macht. Während wohl nicht jede Frau mit Brustkrebs diese Konditionierung durchgemacht hat, haben sich doch andere Überzeugungen dieser Art festgesetzt.

Krebs ist eine Krankheit extremer chronischer Spannung. Er ist das Endresultat eines lang andauernden Konflikts. In gewisser Weise kommt er einer Ablehnung der eigenen Person gleich, denn fast immer ist ein starkes Schuldgefühl beteiligt. Dazu kommen Gefühle der Hoffnungslosigkeit und der Frustration und das Empfinden, unzulänglich zu sein und bestimmte Aspekte des Lebens nicht steuern zu können. Was aber im Leben können wir wirklich nicht steuern? Das Verhalten anderer (das man wohl beeinflussen, aber nicht lenken kann) sowie das Geschehen in Vergangenheit und Zukunft. Es ist typisch für Krebspatienten, daß sie die Welt für so gefährlich halten, daß unbedingt Kontrolle ausgeübt werden müßte, wozu sie sich aber außerstande sehen. Und doch fühlen sie sich verpflichtet, es wenigstens zu versuchen, da sie glauben, es sei notwendig, um überleben zu können. So entsteht für das Körperbewußtsein der Konflikt »Ich muß steuern/ich kann nicht steuern«. Die Ausübung der Kontrolle umfaßt für gewöhnlich Versuche, die eigenen Gefühle zu beherrschen, denn Emotionen, die »außer Kontrolle« geraten, sind nicht nur erschreckend, sondern bewirken auch, daß man sich schwach und verletzlich fühlt. In einer gefährlichen Welt kann dies außerordentlich bedrohlich sein. Krebs wird nicht dadurch geheilt, daß man ein Stück aus dem Körper schneidet oder es durch Chemikalien oder Bestrahlung zerstört, sondern dadurch, daß man entweder aufhört, an die Notwendigkeit einer Kontrolle zu glauben, oder aber die Überzeugung gewinnt, einer solchen Aufgabe gewachsen zu sein. Ist das Gefühl der Bedrohung weniger stark, können anstelle von Krebs gutartige Geschwülste auftreten.

Die Lunge

Der Atem ist ein nahezu universales Symbol für Leben, und so ist die Lunge der Mittelpunkt unseres Verlangens, unserer Sehnsucht, mehr Leben zu erfahren, auf andere zuzugehen, unser Leben mit anderen zu teilen. Daher ist die Lunge gleichzeitig das Zentrum unserer diesbezüglichen Ängste.

Asthmatiker haben im allgemeinen Ängste, die mit diesem Themenbereich zusammenhängen. Ich weiß dies aus eigener Erfahrung, denn ich hatte als Kind Bronchialasthma. Ich »entwuchs« den Symptomen, doch Jahre später, als ich an einem Wochenendseminar teilnahm, dessen Ziel es war, an emotionale Konflikte heranzuführen, erfuhr ich ein überwältigendes Gefühl der Befreiung in der Brustregion. Unter heftigem Schluchzen fühlte und äußerte ich, daß ich so, wie ich war, »richtig« war (Selbstwert), und eine allumfassende Liebe wallte in mir auf. Was ich hier erlebte, war die Lösung der Konflikte, die mich all die Jahre gehindert hatten, diese Gefühle voll zum Ausdruck zu bringen. In der Folge ist es mir gelungen, versuchsweise einen Teil der Symptome aus meiner Kindheit zu induzieren, indem ich die Gedanken meiner Kinderzeit neu belebte. Sobald ich diese Gedanken umprogrammierte, verschwanden die Symptome.

Ich möchte hier einige für Asthmatiker typische Konflikte erwähnen:

- Bedürfnis nach Abhängigkeit (das im allgmeinen mit einem Elternteil beginnt) und gleichzeitig Wunsch, unabhängig zu sein;
- Disharmonie mit der Umgebung;
- Wunsch, sich durchzusetzen und gleichzeitig Angst davor (d. h. Angst, auf Widerstand oder Ablehnung zu stoßen);
- Furcht, nicht so zu handeln, wie andere es wünschen oder erwarten, und gleichzeitig Groll darüber, von diesen anderen manipuliert zu werden;
- Schuldgefühl, weil man die Erwartungen anderer nicht erfüllt;
- Angst vor Zurückweisung durch andere oder dem Verlust eines geliebten Menschen.

Asthmatiker neigen auch zum Wiederholungssyndrom. Weniger schwerwiegende Konflikte können einfach zu einem unspezifischen »Schmerz« in der Brust führen.

Rauchen bewirkt sicher eine Verunreinigung der Lunge, doch bin ich überzeugt, daß es an sich noch keinen Krebs verursacht. Dieser ist das Resultat emotionaler Konflikte von der Art der bereits besprochenen. Da flacher Atem oft eine Abwehr gegen Angstgefühle ist, denke ich, daß Rauchen eine Art unbewußter

Kompensation sein kann, da es Anlaß zu tieferem Durchatmen gibt. Tiefes Atmen führt auch zu Entspannung, und so können Raucher, die versuchen, von ihrer Gewohnheit loszukommen, reizbar und unter Spannung sein, weil sie sich auf defensives, flaches Atmen verlegen. Werden die Angstkonflikte gelöst, so wird das gewohnte Bedürfnis zu rauchen geringer oder es verschwindet ganz. Aus diesem Grunde können manche das Rauchen von einem Tag zum andern aufgeben, während andere Qualen durchmachen, was vielleicht zum Teil eine Form der Selbstbestrafung und der Rechtfertigung ist. Ich erkenne natürlich an, daß Rauchen auch mit dem Bedürfnis, die Hände zu beschäftigen, zusammenhängen kann, wie auch mit oralem Lustgefühl, mit dem Trost, der von einem vertrauten Ritual ausgeht, und mit dem Wunsch, es anderen gleichzutun.

Abschließend zu dem Thema Lungenkrebs, möchte ich den Fall eines mir sehr nahestehenden Menschen erwähnen, der an dieser Krankheit starb. Wie ich kurz nach seinem Tod in einem Buch über Psychosomatik las, ist es typisch für einen Lungenkrebspatienten, daß er in einem Alter von unter fünfzehn einen Elternteil verloren hat, daß er Eheprobleme hat und in seinem Beruf frustriert ist. Alle drei Punkte trafen in seinem Fall zu, und ich weiß, daß er nicht an Krebs, sondern an Hoffnungslosigkeit gestorben ist. Nun tritt Krebs nicht automatisch auf, wenn diese drei Umstände gegeben sind, doch sie schaffen Rahmenbedingungen, in denen sich Hoffnungslosigkeit breitmachen kann.

Herz und Blutkreislauf

In Literatur, Sprache und Lied wird das Herz in Verbindung gebracht mit Liebe, Mitgefühl, Kummer, Zurückweisung, Sehnsucht, Verbundenheit, Furcht. Man »schenkt sein Herz« einem Menschen, den man liebt, oder läßt es irgendwo an einem geliebten Ort zurück, und man empfindet »Herzeleid«, wenn die Liebe nicht erwidert wird. Fühlt man mit anderen, so ist man »großherzig«. Tut man es nicht, so kann es geschehen, daß man »herzlos«, »hartherzig« oder »kaltherzig« genannt wird. Ein schwerer Verlust kann uns »das Herz brechen«, und wir danken jemandem »von Herzen«, der mit uns fühlt. Vor Schreck kann uns »das Herz beinahe stillstehen«, und mysteriöserweise kann man es »auf der Zunge tragen«. All diese Gefühle haben ihre biologischen Nachwirkungen.

Das Herz ist ein Muskel und als solcher anfällig für akute oder chronische Spannungen. Menschen mit Herzbeschwerden neigen oft dazu, Anwandlungen von Mitgefühl oder Zurückweisung blockieren zu wollen. Mitgefühl könnte ja als Zeichen von Schwäche ausgelegt werden, vor allem dann, wenn man überzeugt ist, daß die Welt gefährlich ist und man rücksichtslos (d. h. ohne Mitgefühl) sein muß, um voranzukommen. Häufiger sind wahrscheinlich die Menschen, die ihre Angst vor Zurückweisung verdrängen und verzweifelt versuchen, Liebe oder Annahme durch persönliche Leistung oder Anhäufung von Geld und materiellen Gütern zu erkaufen. Ein solcher Mensch wird oft als Persönlichkeit des A-Typus bezeichnet. Kennzeichnend für diesen ist, daß er vom Bedürfnis getrieben wird, irgendeinen materiellen Beweis für den eigenen Wert zu erbringen, denn ohne diesen würde er sich wertlos fühlen – der Liebe nicht wert. Es wird wenig nützen, einem solchen Menschen zu sagen, er solle sich entspannen und die Dinge gelassener nehmen, solange er nicht einzusehen beginnt, daß er seinen Wert nicht dadurch zu beweisen braucht, daß er anderen zu gefallen sucht. Nur zu oft wird ein solcher Mensch so davon in Anspruch genommen, Beweise zu erbringen, daß er schließlich diejenigen, für die er all dies zu tun glaubt, kaum mehr wahrnimmt und sie so verliert. Manchmal wird er noch versuchen, die Liebe seiner Eltern zu kaufen, wenn diese entweder längst gestorben sind, oder aber sich weigern, sich von was auch immer beeindrucken zu lassen. Was die meisten Herzpatienten brauchen, ist eine völlig neue Einstellung zum Leben, eine Einstellung, die die Angst vor Zurückweisung ausmerzt und sie durch echte Selbstachtung ersetzt.

Der Blutkreislauf ist mit dem Herzen verbunden und Beschwerden wie Bluthochdruck, Anämie und Leukämie ausgesetzt. Diese Beschwerden haben miteinander gemein, daß sie mit dem Glauben an die eigene Schwäche, Unfähigkeit und Hilflosigkeit in Zusammenhang stehen, wozu dann noch eine Menge Groll darüber kommt, daß man dieser Überzeugung entsprechend behandelt wird. Auch Ärger über sich selbst kann sich daruntermischen, weil man nicht imstande ist, die Dinge besser in den Griff zu bekommen. Menschen mit dieser Lebenshaltung manipulieren im allgemeinen sehr gerne und sind äußerst verstimmt, wenn sie manipuliert werden. Insbesondere Leukämie entsteht oft nach dem einschneidenden Verlust eines Elternteils oder einer Stellung, verbunden mit einem intensiven Gefühl der Frustration, weil man die Lage nicht ändern kann. Dieser Art Menschen fällt es im allgemeinen nicht leicht ihre Gefühle auszudrücken. Könnten sie es, so würde sich dadurch die Spannung beträchtlich verringern.

Die obere Rückenpartie

Erfahren wir über die Brustregion die Ablehnung durch andere, so ist der Rücken die Region, über die wir selbst häufig andere zurückweisen. Das geschieht zum Beispiel, wenn man jemandem »den Rücken kehrt«. Beschwerden in dieser Region können auftreten, wenn man in einen Konflikt darüber gerät, ob man vor der Aggressivität eines anderen »den Rückzug antreten« soll, oder wenn man etwas, wovon man weiß, daß man es wirklich nicht für sich behalten sollte, oder auch die Unterstützung oder Hilfe, die ein anderer braucht, zu»rück«hält (althochdeutsch »ze rucke« = hinter sich, auf den Rücken). Vielleicht am häufigsten aber sind Beschwerden in dieser Region, wenn man keinen »breiten Rükken« hat, sich von anderen über die Maßen gepeinigt fühlt und es satt hat, sie »auf dem Buckel« zu haben. Ich kannte einen jungen Mann, dessen Rücken von Pickeln förmlich übersät war, bis er sein Elternhaus verließ und seinen eigenen Weg ging. Beachten Sie bitte: Ursache der Beschwerden ist nicht die Tatsache, daß man gepeinigt wird, sondern die eigene Weigerung, die dadurch ausgelösten Gefühle zum Ausdruck zu bringen, und natürlich auch die Überzeugung, daß man gepeinigt wird.

Das Zwerchfell

Das Zwerchfell ist eine Muskel- und Sehnenschicht, die den Brustraum von der Bauchhöhle trennt. Seine normale Funktion besteht darin, die Atmung zu unterstützen, doch viele Menschen benutzen es, um die Atmung zu hemmen und aufsteigende Angstgefühle zu blockieren. In solchen Fällen wird das Zwerchfell hart wie eine Trommel. Das kann so weit gehen, daß man völlig vergißt, wie es ist, tief durchzuatmen.

Es ist ganz natürlich, daß sich im Verlauf eines freien und tiefen Atemzyklus die obere Partie des Magens leicht nach außen wölbt. Dies aber ist nur möglich, wenn man zuläßt, daß sich das Zwerchfell entspannt. Ist es chronisch gespannt, so kann die Atemkapazität nicht voll ausgenutzt werden. Biologisch bedeutet dies eine Verringerung der Sauerstoffzufuhr. Auf emotionaler Ebene verhindert es, daß unangenehme Gefühle aufkommen. Auf geistiger Ebene schließlich, ist es ein Versuch der Selbstbeherrschung. Leute, mit denen ich arbeite, und die bewußtes und tiefes Atmen einsetzen, um die Spannung des Zwerchfells zu lösen, berichten, daß sie zuerst das schreckliche Gefühl haben, »auseinanderzubrechen« und dann eine Flut von Emotionen und Erinnerungen, die überwältigend zu sein scheint. Nachdem diese abgeebbt ist, fühlen sie sich »gereinigt«, so als hätten sie sich richtig ausgeweint.

Es gibt viele verschiedene Techniken zur Entspannung des Zwerchfells, doch die beste, die mir begegnet ist, ist Lachen. Eine tüchtige Dosis Lachen wird Sie aufrütteln und eine riesige Menge aufgestauter Spannung freisetzen. Man hat Lachen »die beste Medizin« genannt und das aus gutem Grund. Es reinigt weit besser als Weinen oder Medikamente. Und am allerbesten lachen wir über uns selbst.

KAPITEL 10

Region III – Das Sicherheitszentrum

Zu dieser Region zähle ich Bauchhöhle, Becken und untere Rückenpartie. Es ist eine Region der primären, instinktiven Triebe, die alle auf die eine oder andere Weise mit unserem Sicherheits- und Nahrungsbedürfnis in Zusammenhang stehen sowie mit unserem Bedürfnis, diese unsere physische Welt mit anderen zu teilen. Es ist die Region, die zu tun hat mit Zuneigung und Mangel an Zuneigung, wie auch mit Besitzergreifen und Rückhalt.

Der Magen

Der Magen ist, was den Hungertrieb betrifft, die wichtigste Zone. Der Magen nimmt unsere Nahrung auf und verdaut sie. Er schmerzt, wenn er zu leer ist, eine Botschaft, die uns veranlassen soll, etwas gegen diesen Zustand zu unternehmen. Die Nahrungsaufnahme ist eines der ersten Lustgefühle, die wir in unserem Leben erfahren. Den Magen zu füllen, gibt uns das Gefühl der Entspannung, der Erquickung und der Sicherheit. Doch wie ich bereits erwähnt habe, steht Essen, neben unserer Ernährung, noch für andere Dinge.

Da wir für unsere erste Nahrungsaufnahme von anderen abhängig sind, stellen wir eine Beziehung her zwischen ihrer Wirkung auf den Magen und der Frage, wieviel anderen an uns liegt. Diese Zuneigung anderer wird zum Äquivalent für Überleben und Sicherheit, denn wir brauchen Nahrung, um leben zu können. Und so ist es tatsächlich möglich, daß wir nach Zuneigung »hungern«. Glaubt jemand, nicht genügend Zuneigung zu bekommen oder bekommen zu können, um diesen Hunger zu stillen, so wird er im allgemeinen zu einer der beiden folgenden Verhaltensweisen Zuflucht nehmen.

Die eine besteht darin, Zuneigung durch Essen zu ersetzen, und spielt eine wichtige Rolle als Ursache von Übergewicht. Viele Dicke sind deshalb versessen auf Süßigkeiten, weil in diesen mehr als in jedem anderen Nahrungsmittel ein Äquivalent für Zuneigung gesehen wird. Menschen, die nach Süßigkeiten hungern, hungern in Wirklichkeit nach Zuneigung. So einfach liegen die Dinge. Da das Übermaß an Essen ein Ersatz ist, wird das wirkliche Gefühl verdrängt, so daß die Betroffenen sich häufig weigern, sich selbst oder anderen gegenüber einzugestehen, woran es ihnen in Wirklichkeit mangelt.

Die zweite mögliche Verhaltensweise besteht darin, den Magen »unbewußt« zum Schrumpfen zu bringen und damit den Bedarf an Nahrung beziehungsweise Zuneigung zu verringern. Dies kann zu extremer Abmagerung führen. Es ist ein Versuch, das Bedürfnis zu widerlegen, so daß das Gefühl der Sicherheit weniger bedroht ist. Dennoch bleibt die Spannung bestehen.

Nahrung

Nahrung steht auch für materielle Sicherheit, was erklärt, warum berufliche Konflikte und mangelnde Befriedigung im Arbeitsbereich häufig zu Magenbeschwerden führen. Daher die Redewendung, daß sie »auf den Magen schlagen«. Wenn jemand von Beruf oder finanzieller Unsicherheit »aufgefressen« wird, so kann es durchaus sein, daß diese in Form eines Ulcus die innere Auskleidung des Magens, die Magenschleimhaut, wegfressen. Magenbeschwerden können auch aufflammen, wenn man um seinen Besitz bangt. Ebenso kann natürlich auch der drohende Verlust bestimmter Menschen in unserem Leben, die wir als uns zugehörig empfinden, Magenstörungen verursachen. Die Gefühle, die mit einem solchen potentiellen Verlust einhergehen, nennen wir Eifersucht, obwohl hier auch Zurückweisungsängste eine Rolle spielen können. Ebenso kann Neid, das Gefühl, daß wir etwas haben müßten, was andere haben, den Magen beeinträchtigen. Nahrung kann auch für Gedanken stehen. Können uns doch jemandens Ansichten »unverdaulich« erscheinen oder wir müssen »erst verdauen«, was wir zu hören bekommen haben. Ein Gedanke kann auch »widerlich« sein. Kann einem nicht »übel« werden, wenn man bedenkt, was man sich zuweilen antut?

Die Gallenblase

Dieses Organ hat die Aufgabe, eine von der Leber produzierte bittere Substanz, Galle genannt, zu speichern und in den Dünndarm abzugeben, wo sie zum Abbau der Fette in unserer Nahrung beiträgt. Die emotionalen Aspekte hängen mit Nebenbedeutungen des Wortes »Galle« zusammen. Von einem ungewöhnlich boshaften und unverschämten Menschen sagen wir, daß er »Gift und Galle verspritzt«. Macht man seinem Ärger Luft, so »läuft einem die Galle über«. Die Assoziationen zwischen Galle und Bitterkeit oder Ärger sind sehr alt. Läßt man zu, daß sich Bitterkeit anderen gegenüber anstaut, so kann sie sich zu einem Gallenstein verhärten, was eine äußerst schmerzhafte Art unseres Körpers ist, uns zu sagen, daß wir unsere Denkweise ändern müssen.

Der Darm

Der Darm führt den Verdauungsvorgang zu Ende und bereitet die Abfallprodukte zur Ausscheidung vor. Er ist eine Zone des »Festhaltens«. Sie haben vielleicht von kleinen Kindern gehört, die ihren Stuhlgang zurückhalten, um gegen ihre Mütter aufzubegehren. Nun, Erwachsene tun genau dasselbe, und zwar versuchen sie auf diese Weise, an Situationen oder Menschen festzuhalten. Das Ergebnis ist entweder chronische Verstopfung oder aber Geschwüre oder sonstige Beschwerden im Darmbereich. Da diese Menschen nicht imstande sind, die äußeren Umstände zu steuern, versuchen sie, einen Ersatz unter ihre Kontrolle zu bringen. Sobald sie lernen »loszulassen«, arbeitet der Körper wieder normal.

Der Darm ist auch »Gefäß« für viele Gefühle, die mit Zuneigung und Sicherheit zu tun haben. Was wir als Spitzbauch bezeichnen, ist weniger der Magen als vielmehr der erweiterte

123

Darm bei Menschen, die Schwierigkeiten haben, ihre wirklichen Bedürfnisse zum Ausdruck zu bringen. Hernien im Darm sind die Folge von Spannungen und Konflikten, die mit denselben Themen zusammenhängen.

Entzündungen des Afters und Hämorrhoiden rühren daher, daß man an Menschen und Dingen festhält, die einem zu entgleiten scheinen. Bei Durchfall dagegen geht es wohl mehr um einen verzweifelten Versuch, etwas loszuwerden, was man nicht mag, oder vor einer Situation davonzulaufen. Das war ganz sicher der Fall, als wir als Rekruten im Ausbildungslager alle Durchfall hatten. Ich habe den starken Verdacht, daß solche Beschwerden bei Reisenden, die sich fern von ihrer Heimat in einem fremden Land aufhalten, in Wirklichkeit eine halbbewußte Ablehnung ihrer augenblicklichen Umgebung widerspiegeln. In den ganzen sieben Jahren meiner Reisen durch den afrikanischen Busch hatte ich kein einziges Mal Durchfall. Ich genoß das Abenteuer. Durchfall bekam ich erst, als ich in die Stadt zurückkehrte, um die Arbeit im Büro wieder aufzunehmen.

Der Blinddarm ist eine fingerförmige Ausstülpung des Darms, die Giftstoffe aufnimmt. Aufgrund meiner Arbeit mit Leuten, die eine Blinddarmentzündung hinter sich hatten, bin ich der Meinung, daß diese auftritt, wie es auch bei Gallensteinen der Fall ist, wenn über längere Zeit hinweg Gefühle der Bitterkeit gegenüber jemandem oder etwas verdrängt worden sind. Eine Frau zumindest konnte einen deutlichen Zusammenhang feststellen zwischen ihrer Blinddarmentzündung und zwei Jahren sehr bitterer Gefühle einem bestimmten Mann gegenüber.

Die Leber

Die Leber hat die Funktion, Zucker zu speichern, Gallenflüssigkeit zu produzieren und verschiedene Gifte aus dem Blut zu filtern. Sie kann auch Speicher sein für eine tüchtige Portion unterdrückten Ärgers über enttäuschte Zuneigung und eine Abneigung gegen sich selbst. Menschen, die »gut leben« – also solche, die sich mit Alkohol und inhaltsreichem Essen vollstopfen, um ihre Frustrationen zu überdecken – haben oft einen Leberschaden.

Übermäßiger Konsum von alkoholischen Getränken hat eine stark schädigende Wirkung auf die Leber, und er spielt auch eine Rolle in einem komplexen emotionalen Syndrom. Man trinkt nicht deshalb übermäßig, weil man abhängig vom Alkohol selbst geworden ist. Man trinkt, weil er einem etwas verschafft, was man zum Überleben zu brauchen glaubt, und zwar eine Zeitlang Erlösung von einer unerträglichen Spannung dank der entspannenden Wirkung des Alkohols, ein Ersatz für Zuneigung, denn Alkohol wird im Körper in Zucker umgewandelt, und eine Betäubung, die dazu beiträgt, vor Gefühlen zu schützen, die einen ängstigen. Die Leber wird nicht allein deshalb geschädigt, weil sie die übermäßige toxische Belastung nicht bewältigen kann, sondern weil auch sie emotionalen Spannungen ausgesetzt ist, die ein Verlangen nach den Wohltaten des Alkohols aufkommen lassen. Man ist allgemein der Ansicht, daß Alkoholismus nicht zu heilen ist, weil er eine körperliche Abhängigkeit darstellt, und daß absolute Abstinenz daher die einzige Lösung ist. Ein Arzt in Kalifornien jedoch behauptet, Alkoholiker heilen zu können, indem er ihnen hilft, die Überzeugungen zu ergründen und zu ändern, die ihren emotionalen Konflikten und damit dem Alkoholproblem zugrundeliegen. Ich habe ein Gespräch zwischen zwei seiner ehemaligen Patienten mitangehört. Sie sagten übereinstimmend, Alkohol sei ihnen nicht länger ein Bedürfnis, doch würden sie gelegentlich etwas trinken, wenn sie gerade Lust darauf hätten. Ist der zugrundeliegende Konflikt einmal gelöst, so schwindet auch das Bedürfnis nach dem übermäßigen Alkoholkonsum, der ihn überdecken mußte. Alkoholismus kann sehr wohl überwunden werden, denn er ist eine emotionale und keine körperliche Sucht. Schlüssel hierzu sind Wunsch und Willen, das Denken zu ändern, das zu verdrängtem Ärger und Verdruß geführt hat.

Zwanghaftes Essen und als Folge Fettleibigkeit haben, was Ursachen und Wirkungen betrifft, auffallende Parallelen zum Alkoholismus. Auch hier ist die Leber in Mitleidenschaft gezogen durch Überlastung, wie auch als Mittelpunkt von Spannungen. Wie bereits erwähnt, wirkt Nahrungsaufnahme zum einen entspannend und trägt so zu einer vorübergehenden Befreiung von Spannungszuständen bei, zum anderen dient sie als Ersatz für mangelnde Zuneigung. Eine Fettschicht kann mehreren

Zwecken dienen. Sie ist eine Art Sicherheitsreserve gegen materielle beziehungsweise emotionale Mangelzustände. Sie ist auch gespeicherte Energie – emotionale Energie, deren Grundlage für gewöhnlich eine tüchtige Portion Ärger und Verdruß ist. Diese Energie kann auch die Form von Angst annehmen, und in diesem Fall wirkt die Fettlage als eine Art Rüstung, ein »Puffer«, der andere auf Distanz hält, während der Betroffene sich vielleicht im Grunde nach Nähe sehnt. In manchen Fällen schließlich wird sie gebraucht, um die eigene Bedeutung und Erscheinung zu mehren, als Symbol der Macht und des Wunsches »sein Gewicht in die Waagschale zu werfen«.

Nieren und Blase

Die beiden Nieren, auf denen jeweils eine Adrenalin produzierende Nebenniere sitzt, filtern das Blut und wandeln Abfallstoffe in Urin um. Die östliche Medizin sieht eine direkte Verbindung zwischen Nieren, wie auch Nebennieren, und der sexuellen Funktion. Ich neige dazu, dem zuzustimmen, da der Urin durch den Sexualbereich abgelassen wird, und das Körperbewußtsein Verbindungen über funktionale Parallelen herstellt. Das bedeutet, daß Nierenbeschwerden vermutlich eng mit emotionalen Konflikten in bezug auf Sexualität verknüpft sind. Obwohl dies bisher nur Spekulation ist, kann als sicher angenommen werden, daß irgendwelche für Region III typischen Verdrängungsmechanismen im Spiel sind. Von den Fällen der Menschen ausgehend, die mich konsultiert haben, bin ich mir sicher, daß zwischen der Blase, wo sich der von den Nieren abgegebene Urin sammelt, und dem Denken bezüglich Sexualität ein Zusammenhang besteht, und daß Blaseninfektionen auf Spannungen zurückzuführen sind, die von verdrängten sexuellen Empfindungen herrühren.

Bauchspeicheldrüse und Milz

Diese beiden Organe produzieren Hormone, die die Zusammensetzung des Blutes beeinflussen, insbesondere den Zucker-

und den Insulinspiegel. Das verdrängte Gefühl, das hier eine Rolle spielt, ist für gewöhnlich heftiger Zorn über den Verlust oder drohenden Verlust von Zuneigung und Sicherheit. Der typische Diabetiker beispielsweise ist ein sehr zorniger Mensch, der solche Ängste vor seinem Zorn hat, daß er ihn mit scheinbarer Fügsamkeit und Hilflosigkeit überdeckt. Es überrascht nicht, daß er außerdem ein starkes Verlangen nach Essen hat (das, wie wir wissen, Ersatz für Zuneigung ist) und häufig einen tiefen Groll gegen seine Eltern hegt, weil sie ihm nicht so viel Zuneigung gaben oder geben, wie er braucht. Die Hypoglykämie, die zuweilen als das Gegenteil des Diabetes bezeichnet wird, ist vielleicht das Resultat von ähnlichen Verdrängungen und Konflikten, die nur auf andere Art ausgedrückt werden. Die Milz wurde lange Zeit mit Ärger und Verdruß in Verbindung gebracht.

Die untere Rückenpartie

Haben Sie sich je überschlagen, um jemandem einen Gefallen zu tun, der dies gar nicht zu schätzen wußte? Wenn ja, so kann es gut sein, daß Sie sich Beschwerden in der unteren Rückenpartie eingehandelt haben. Schmerzen in dieser Gegend sind meist darauf zurückzuführen, daß wir unseren Groll zu»rück«halten gegenüber Leuten, die unsere Sicherheit oder Existenzgrundlage bedrohen. Rückenschmerzen können auch ein unbewußter Versuch sein, sich aus einer Sache zu»rück«zuziehen, das heißt zu kneifen vor etwas, was man nicht tun möchte. Ich bekam einmal so starke Schmerzen in der unteren Rückenpartie, daß ich mich stundenlang nicht mehr rühren konnte, was »zufällig« zur Folge hatte, daß ich meinen Job verlor. Er hatte darin bestanden, Zementsäcke auf einen Laster zu laden. Damals erkannte ich den Zusammenhang nicht, war aber sehr froh, nicht an die Arbeit zurückkehren zu müssen. Es gibt weit bessere Mittel gegen Rückenschmerzen als Medikamente, nämlich Massage, warme Umschläge, Entspannungsmeditationen und, insbesondere, die Lösung unseres Konflikts.

Die Geschlechtsorgane

Wie Sie sich vielleicht denken können, stehen Beschwerden der Geschlechtsorgane und Probleme der sexuellen Funktion in Zusammenhang mit Ängsten, Schuldgefühlen und Groll, die mit Sexualität und sexuellen Beziehungen zu tun haben. Dieser Zusammenhang ist ziemlich deutlich bei Problemen wie Impotenz und Frigidität, doch sollten meiner Ansicht nach auch Prostatabeschwerden und Geschlechtskrankheiten dieser Kategorie zugeordnet werden. Gedankenkonflikte stehen hinter allen Krankheiten. Ohne Konflikt kommt es zu keiner Krankheit. Bei den Ansichten über Sexualität, die in unserer Gesellschaft grassieren, ist es ein Wunder, daß Geschlechtskrankheiten nicht noch weiter verbreitet sind. Es muß darauf zurückzuführen sein, daß wir alle unbewußt unsere eigenen Ausdrucksmittel für unsere Konflikte wählen, und für diese unsere Wahl eigene Gründe haben.

Es sind nicht einfach nur die Konflikte im Zusammenhang mit sexuellem Verlangen, die Probleme verursachen. Sexuelles Verlangen ist instinktiv, doch dies gilt auch für das Verlangen nach Zuneigung, Sicherheit, Gemeinschaft, Besitz und – Macht. In unserer Gesellschaft kann Sexualität symbolisch für jeden dieser Aspekte stehen, und dementsprechend können sexuelle Probleme von einer Verdrängung auf jedem beliebigen dieser Gebiete herrühren. Es gibt Menschen, die so »einfallsreich« sind, daß sie sogar eine sexuelle Funktionsstörung dazu verwenden können, Macht über andere auszuüben.

Ich erinnere mich an ein besonders überzeugendes Beispiel, einen Mann, der *ausschließlich* an den Tagen des Monats steril war (d. h. kein lebendes Sperma produzierte), an denen seine Frau empfangen konnte. Das geschah sicher nicht bewußt. Wohl bewußt war ihm dagegen, daß er einen tiefen Groll gegen sie verdrängte und den Wunsch, sich irgendwie an ihr zu rächen. Er wollte diese Gefühle nicht zum Ausdruck bringen, doch sie waren so intensiv, daß sein Körper sie umsetzte, so gut er es vermochte.

Impotenz und Frigidität sind noch deutlichere Beispiele dieser Art von Machtspiel, sofern sie nicht das Resultat von sexuellen Ängsten sind. Auf jeden Fall sind ihre Ursachen Verdrängung und Spannung, und diese sind nie gesund.

Ist Lachen die beste Spannungslinderung für Region II, so ist ein Orgasmus die beste für Region III. Unglücklicherweise erleben viele Menschen diese wohltuende Befreiung, wegen unterschiedlicher, auf Ängsten basierender Gedanken, nicht in vollem Maße. So können Frauen eventuell keinen oder nur selten einen Orgasmus erleben und Männer nicht mehr als eine bloße Ejakulation, die kaum als Orgasmus gewertet werden kann. Ein echter Orgasmus fühlt sich nicht nur gut an, sondern bringt auch unwillkürliche Muskelkontraktionen mit sich, die Teil des spannungslösenden Prozesses sind. Abgesehen von der Angst, daß Sexualität schlecht sein könnte, und der Furcht vor dem anderen Geschlecht, ist der am weitesten verbreitete Grund für einen unvollständigen oder gar keinen Orgasmus, der mir sowohl bei Männern als auch bei Frauen begegnet ist, die Angst, die Kontrolle über sich selbst zu verlieren. Sie hängt zusammen mit Vorstellungen von Sicherheit und Vertrauen und der Überzeugung, daß zuviel Lust oder die Preisgabe der Selbstbeherrschung zu Selbstzerstörung führt. Doch sind dies lediglich *Vorstellungen* von der Realität und nicht die Realität selbst. Unser Körper ist auf exquisite Weise dafür geschaffen, durch natürliche spannungslindernde Mechanismen wie Lachen und Orgasmus immense Freude und Lust zu erfahren. Sie haben die Möglichkeit, eine Einstellung zu entwickeln, die es Ihnen gestattet, sich diese gesundheitsfördernden Mechanismen voll und ganz zunutze zu machen.

KAPITEL 11

Region IV – Das Entwicklungszentrum

Beine und Füße, aus denen sich diese Region zusammensetzt, spiegeln unser Fühlen und Denken wider in bezug auf Stellung, Status, Rang im Leben, unser Gefühl der Eigenständigkeit, unsere Reaktionen auf Weiterentwicklung, Veränderungen und Unsicherheit.

Die Oberschenkel

Trotz der Überschrift gilt ein Teil des folgenden zwangsläufig für die ganzen Beine.

Vor einigen Jahren wandte sich eine an den Rollstuhl gefesselte Frau an mich, die sehen wollte, ob meine Methoden etwas für sie tun könnten. Sie war in den Vierzigern. Ihre Beine waren seit ihrem dreizehnten Lebensjahr vollständig gelähmt und seit Jahren völlig gefühllos. Wie sie mir berichtete, hatten die Ärzte ihr gesagt, daß es hierfür keine organische Ursache gab, also keine Krankheit oder Entartung.

Ich ließ sie zunächst einige Imaginationsübungen machen, und innerhalb von drei Wochen fühlte sie beglückt und überrascht einen Wärmestrom in ihren Beinen. Ich trug ihr auf, mit den Übungen fortzufahren und begann, an ihrem Denken zu arbeiten, das hinter der Lähmung stand. Diese war aufgetreten, als sie nach einem traumatischen Erlebnis mit Mitschülern nach Hause gerannt war. Als sie angelangt war, hatte die Lähmung eingesetzt, und sie hatte ihre Beine seither nie mehr bewegen können. Obwohl sie nur widerstrebend auf Einzelheiten einging, wurde deutlich, daß sie damals für ihr Alter ungewöhnlich groß gewesen war. Sie begann nun zu erkennen, daß die Lähmung ein drastisches Mittel gegen ihr »Herausragen« gewesen sein könnte (das als sehr unangenehm empfunden wird, wenn man dreizehn ist) und gegen Hänseleien und

131

andere in diesem Alter übliche Grausamkeiten. Ständig sitzend, war sie keine »Bohnenstange« mehr und erfuhr zudem noch Mitgefühl.

Als wir an Glaubensmustern und Energiefluß arbeiteten, erwachte immer mehr Gefühl in ihren Beinen. Es wurde deutlich, daß sie eine echte Chance hatte, wieder stehen und gehen zu können. Doch an diesem Punkt brach sie die Behandlung ab, und ich habe sie nie wieder gesehen. Offensichtlich war die Aussicht, sich wieder damit auseinandersetzen zu müssen, daß sie sehr groß war, mehr als sie ertragen konnte. Und da war nicht nur diese Furcht. Auch ihr Status als wichtige Mitarbeiterin einer Behindertenorganisation, in der sie viele Freunde hatte, war bedroht. Nach den Begriffen ihrer persönlichen Überlebensstrategie traf sie die bestmögliche Wahl. Dies zeigt, daß wir, wollen wir wirklich etwas verändern, die Auswirkungen dieser Veränderung über die *Bequemlichkeit der vertrauten Schmerzen und Unannehmlichkeiten* stellen müssen.

Noch eine andere Frau mit einer partiellen Lähmung suchte mich auf. Sie zog ein Bein nach, weil das Hüftgelenk nicht frei beweglich war. Eine medikamentöse Behandlung war ohne Erfolg geblieben, eine operative war nicht ratsam, und so arbeitete ich mit ihr, indem ich den Energiefluß stimulierte und die mit ihren Symptomen zusammenhängenden Glaubensmuster unter die Lupe nahm. Die Energietechniken brachten nur einen Teilerfolg. Nach einer kräftigen Stimulierung des Energieflusses konnte sie problemlos von einem Ende des Zimmers zum anderen gehen, doch die Beschwerden kehrten stets bald zurück. Einmal suchte sie einen Heiler auf, der auf sehr starke Energieströme spezialisiert war. Nach der Behandlung konnte sie zwei Tage lang normal gehen, bevor die Beschwerden von neuem auftraten. Es war klar, daß diese mit einer hochgradigen Spannung zusammenhingen, die der Energiefluß nur für eine Zeitlang lösen konnte, da die zugrundeliegende Vorstellung davon nicht berührt worden war. Es war nicht schwierig, diese aufzuspüren. Die Beschwerden hatten begonnen, als die Frau gegen ihren Willen umziehen mußte. Der Widerstand gegen diese Veränderung war geblieben und fand seinen Niederschlag darin, daß sie einen Fuß nachzog. Unglücklicherweise weigerte sie sich, auch nachdem sie die Zusammenhänge erkannt hatte, noch immer, den Ortswechsel zu akzeptieren, und so blieben ihre Beschwerden. Wäre sie hierzu eines Tages bereit, so würde sie ohne jede Hilfe geheilt.

Sie kennen die Wendung »gelähmt vor Angst«. Ist die Angst chronisch, so wird die Lähmung körperlich. Im Grunde ist sie eine Überlebensstrategie. In einem Augenblick drohender Gefahr kann man durch eine vorübergehende Bewegungsunfähigkeit unbemerkt bleiben und so mit dem Leben davonkommen. Dies hat in Fällen funktioniert, in denen sich Menschen Löwen oder Bären gegenüber sahen. Manche Tiere, wie Kaninchen und Opossums, wenden diese Strategie von Natur aus regelmäßig an. Auch Menschen nehmen vielleicht Zuflucht zu ihr, um einer unangenehmen oder beängstigenden Situation zu entkommen, oder wenn sie Angst vor einer Entscheidung zwischen zwei Alternativen haben. Eine Lähmungserscheinung kann auch auf einen Widerstand gegen jegliche Veränderung zurückzuführen sein.

Neigt jemand an anderen Stellen zu Fettansatz, so kann sich auch den Oberschenkeln Fett ansetzen, doch muß dies nicht der Fall sein. Bei Fettansatz an Hüften und Schenkeln ist auch eine Verknüpfung mit Liebe beziehungsweise Sexualität möglich. Es könnte aber auch sinnvoll sein, der Frage nachzugehen, ob man sich im Fortkommen, insbesondere auf beruflichem Gebiet, behindert glaubt. Ich bin derartigen Überzeugungen häufig begegnet, besonders bei Frauen.

Die Knie

Als Teenager, kurz bevor ich zur High School überwechseln sollte, bekamm ich an beiden Beinen, gerade unterhalb der Kniekappe, schmerzhafte Schwellungen. Der örtliche Arzt in der Kleinstadt, in der ich damals wohnte, diagnostizierte Krebs, und ich ging viele Wochen lang regelmäßig zur Bestrahlung in seine Praxis. Die Hauptbeschwerden bestanden darin, daß ich große Schwierigkeiten hatte, meine Knie zu beugen, und daß ich sie beständig irgendwo anstieß und vor Schmerz aufheulte. Schließlich wurde ich zu einem Spezialisten in ein großes Stadtkrankenhaus geschickt, der als Kind »zufällig« dieselben

Beschwerden gehabt hatte und sie augenblicklich als Osgood-Schlatter'sches Syndrom erkannte. Es ist ziemlich selten, und man führt es auf ungewöhnlich rasches Wachstum zurück. Der Arzt verordnete mir viel Milch, viel Ruhe und Stützbandagen. Die Beschwerden gingen nur langsam zurück, und es dauerte einige Jahre bis die Schmerzempfindlichkeit völlig überwunden war.

Damals war dies natürlich ganz einfach etwas, womit ich zu leben hatte. Jahre später war ich in der Lage, das zugrundeliegende Denken zu erforschen. Einfach ausgedrückt, waren die Beschwerden die auf die Spitze getriebene Folge der Tatsache, daß ich mich nicht meinem, wie ich glaubte, tyrannischen Vater unterordnen wollte (wobei das Beugen der Knie als Symbol für Unterordnung zu sehen ist). Gleichzeitig fühlte ich mich schuldig, weil ich so dachte, und bestrafte mich selbst, indem ich die empfindlichen Stellen bei jeder Gelegenheit anstieß. Heute sind mir zwei Dinge klar: Mein Vater war gar nicht so tyrannisch, und die Beschwerden wären nicht erst aufgetreten, wenn ich nicht so eigensinnig und unflexibel gewesen wäre.

Unsere Knie spiegeln also unsere Gefühle wider hinsichtlich Bescheidenheit, Unterordnung unter eine Autorität und Flexibilität in Fragen der Rangordnung sowie Ängste, die damit zusammenhängen, daß wir unsere Stellung behaupten und uns Unsicherheiten und möglichen Gefahren »stellen« müssen. Ich erinnere mich, daß es in der Marine immer wieder vorkam, daß Männer umkippten, die gezwungen waren, stundenlang stramm zu stehen. Sie hatten ihre Knie blockiert und ihre Beinmuskeln so angespannt, daß die Blutzufuhr zum Gehirn irgendwann unterbrochen wurde. Der Gedanke, was geschehen könnte, wenn sie einen Moment locker ließen, ließ sie »vor Angst erstarren«. Und Sie wissen sicher auch, daß bei bestimmten Angstgefühlen unsere Knie buchstäblich schlottern können.

Die Unterschenkel

Die Unterschenkel werden vermutlich am stärksten beansprucht, wenn wir gehen oder laufen, und so ist es nicht überraschend, daß sie oft unsere Gefühle in bezug auf unser berufliches Weiterkommen, unser »Aufsteigen auf der sozialen Leiter« widerspiegeln, wie auch unser Davonlaufen vor unangenehmen Situationen. Manche Leute, die diesen Dingen übergroßen Wert beimessen, haben gut entwickelte Waden, die den Eindruck erwecken, als seien ihre Besitzer sehr sportlich, während sie nichts weiter tun als am Schreibtisch oder vor dem Fernseher sitzen. Dies ist zurückzuführen auf die häufigen unbewußten Aufbruchsignale, die die Muskeln auch beim Sitzen noch trainieren.

Die vielleicht am häufigsten in diesem Bereich auftretenden Beschwerden sind Krampfadern, obwohl diese auch an anderer Stelle auftreten können. Die Symptome sind geschwollene Beine, Krämpfe, Müdigkeit oder Schmerzen nach langem Stehen und ziemlich häßliche Knoten von erweiterten Venen unmittelbar unter der Haut. Die Venen, die die Aufgabe haben, das Blut zum Herzen zurückzuführen, enthalten kleine Ventile, die das Blut daran hindern, infolge der Schwerkraft zurück nach unten zu fließen. Bei manchen Menschen, besonders bei schwangeren Frauen, Übergewichtigen und Leuten, die bei ihrer Arbeit viel stehen müssen, versagt ein Teil dieser Ventile. Dadurch fließt Blut zurück und dehnt die Venen aus. Doch stehen Schmerzen und Funktionsstörungen stets in Zusammenhang mit Spannung. Sie ist der Ursprung der Symptome. Die Sache bedarf noch weiterer Forschung, doch ich denke, daß wir es hier mit einem »Weglauf-Syndrom« zu tun haben, einem Widerstand gegen bestimmte Umstände, die eine chronische Spannung verursachen und als Folge Anschwellen, Müdigkeit, Schmerzen und Versagen der Ventile in den Beinvenen. Theoretisch müßte eine Lösung des Konflikts dem Körper die Möglichkeit geben, die Venen zu regenerieren, doch ich weiß nicht, ob dies je erprobt worden ist.

Die Fußgelenke

Unser Gefühl der Eigenständigkeit, der Fähigkeit, uns selbst zu erhalten, zeigt sich oft in der Verfassung unserer Fußgelenke. Obwohl dabei auch die Knie eine Rolle spielen, liegen hier die Punkte, auf die sich der Körper im Stehen hauptsächlich stützt.

Geben die Fußgelenke nach, so stürzen (oder versagen) wir. Hier können sich beträchtliche Spannungen anstauen und geschwollene oder verdickte Fußgelenke sowie verschiedene Arten von Verletzungen verursachen. Ein verstauchter oder sogar ein gebrochener Knöchel kann zusätzlich die Lösung sein, die unser Körper gefunden hat, um uns aus einer unerwünschten Lage zu befreien, oder vielleicht auch eine Strafe dafür, daß wir gegen unser Gewissen gehandelt haben.

Die Füße

An den Füßen spiegeln sich so viele Gefühle und Überzeugungen wider, daß es schwierig wird, allen gerecht zu werden.

Konflikte über ein »Auf-eigenen-Füßen-stehen« können hier Probleme verursachen. Platt- und Senkfüße repräsentieren vielleicht den unbewußten Wunsch, besser »geerdet« zu sein, mehr Sicherheit zu haben, in bezug auf Stellung oder Status – ein Wort, das, wie Sie vermutlich wissen, von dem Verb »stehen« kommt.

Chronisch nach unten gekrümmte Zehen sind vielleicht ein Versuch, im Leben fester Fuß zu fassen, nach oben gekrümmte dagegen ein Versuch, sich über etwas zu erheben oder von etwas loszukommen. Übereinander gekreuzte Zehen könnten für ein Aneinanderdrängen als eine Art Angstreaktion stehen.

Es gibt eine Behandlungsmethode mit dem Namen »Fußreflexzonenmassage oder -therapie«, der die Auffassung zugrundeliegt, daß es an den Fußsohlen bestimmte »Reflexpunkte« gibt, die verschiedenen Körperregionen und Organen entsprechen. Bei Fehlfunktionen sollen die entsprechenden Punkte mit mehr oder weniger starkem Schmerz auf Druck ansprechen. Physiologisch scheint eine solche Verbindung unmöglich, und nur einer der Punkte – genau in der Mitte – gehört zum Akupunktursystem. Trotzdem – ich kann es aus eigener Erfahrung bestätigen – hat die Massage an diesen Punkten entschieden Einfluß auf den Körper. Es scheint keinen Sinn zu ergeben, aber sie funktioniert. So kann man sich nach einer gründlichen Druck- und Knetmassage oder sogar schon nach einem ausgiebigen Fußbad zur Entspannung der Füße insgesamt wohler fühlen.

Mit diesem Kapitel beenden wir die Diskussion der einzelnen Körperregionen. Sie mag unvollständig sein, doch ihr Hauptzweck ist, Sie dazu zu bringen an Ihren Körper als den Spiegel Ihrer Gedanken und Gefühle zu denken. Die nächsten Kapitel sollen Ihnen zeigen, wie Sie »Spiegelbilder« ändern können, auf die Sie gerne verzichten würden.

TEIL III

Techniken

KAPITEL 12

Gedankentherapie

Bei den Techniken, die in diesem Kapitel besprochen werden sollen, liegt der Nachdruck auf der unmittelbaren Arbeit an den Vorstellungen, die wir von uns selbst und unserem Leben haben, und deren Beziehung zu unserem Gesundheitszustand. Es wird natürlich einige Überschneidungen geben mit weiteren, noch zu besprechenden Techniken, doch sollten Sie sich keine Gedanken um feine Unterscheidungen machen. Meine Kategorien sind ziemlich willkürlich gewählt und sollen Ihnen nur einen ersten Rahmen für Studium und Praxis geben. Im praktischen Gebrauch werden Sie wahrscheinlich letzten Endes Techniken verschiedener Therapieformen kombinieren, und so ist es eigentlich auch gedacht.

Konfliktlösung

Sie haben inzwischen erkannt, daß Krankheit auf einen inneren Konflikt, einen Gedankenkonflikt zurückzuführen ist. Ist dieser einmal gelöst, so beginnt der Körper, sich selbst zu heilen. Der direkteste Weg zu einer Lösung besteht darin, sich mit den widersprüchlichen Vorstellungen auseinanderzusetzen und eine davon aufzugeben. Am einfachsten ist dies zu bewerkstelligen, wenn einer der beteiligten Gedanken zu der »Sollte«-Kategorie gehört. Wenn Sie zum Beispiel Kopfschmerzen bekommen, weil Sie denken, daß Sie irgend etwas besser oder anders machen sollten, dann geben Sie diesen Gedanken auf. Zuweilen genügt es schon, sich einfach zu sagen »Warum sollte ich das eigentlich?« Und wenn Sie Magenschmerzen bekommen, weil andere nicht tun, was sie Ihrer Meinung nach tun sollten, dann sagen Sie sich »Warum sollten sie das eigentlich tun?« und akzeptieren die Tatsache, daß sie es nicht tun. Diese Technik läßt sich bei jedem Konflikt in Ihrem Denken anwenden. Voraussetzung ist jedoch, daß Sie das Wesen des Konflikts erkennen. Um dieses zu erhellen, werden Sie eventuell noch andere Techniken zu Hilfe nehmen müssen. Klingt all dies nun, als sei es leichter gesagt als getan? Selbstverständlich ist es leichter gesagt als getan. Alles hängt davon ab, wieviel Ihnen daran liegt, gesund zu werden.

Neuinterpretation

Wir schaffen unsere eigene Realität auf vielerlei Weise. Eine davon ist unsere Interpretation von Ereignissen. Werden Sie beispielsweise von anderen kritisiert, so können Sie darin ein Zeichen Ihrer eigenen Unfähigkeit sehen oder aber einen Angriff, gegen den Sie sich verteidigen müssen. Sie können die Kritik ebenso gut auch als mangelnde Einsicht interpretieren. Als was Sie sie auslegen, kann sich deutlich in Ihrem Gesundheitszustand niederschlagen. Mein Sohn zeigte einmal Anzeichen einer Grippe, nachdem er eine Armbanduhr verloren hatte. Er interpretierte dieses Erlebnis als einen schweren Verlust, dem er hilflos gegenüberstand. Hierdurch entstand eine unlösbare Spannung. Als ich ihn dahin brachte einzusehen, daß man problemlos eine neue Uhr beschaffen konnte, daß diese eine Uhr wohl verloren war, dafür aber tausend andere zur Verfügung standen, war er imstande, den Verlust als ein Ereignis zu interpretieren, dem er *nicht* hilflos gegenüberstand. Seine Grippesymptome waren innerhalb von einer Stunde verschwunden.

In einem anderen Fall arbeitete ich mit einer Schriftstellerin, die die »Ablehnung«, die sie von einer Zeitschrift erhalten hatte, als Ablehnung ihrer Person interpretierte, was verschiedene Krankheitssymptome zur Folge hatte. Diese wurden behoben, einfach dadurch, daß ich die Frau bewegen konnte, das Ereignis dahingehend auszulegen, daß die Redaktion beschlossen hatte, den Artikel nicht zu verwenden, anstatt darin eine »Ablehnung« zu sehen. Worte üben eine enorme Macht aus, weil sie so vielerlei emotionale Assoziationen auslösen können. Wenn Sie wissen, daß Ihren körperlichen Beschwerden ein bestimmtes Ereignis zugrundeliegt, dann prüfen Sie sorgfältig, welche Worte Sie gebrauchen, um es sich zu vergegenwärtigen, und ob es nicht auch andere gültige Möglichkeiten gäbe, es zu beschreiben, Möglichkeiten, die seine Wirkung auf Ihre Emotionen ändern würden.

Entschlossenheit

Wir haben es hier mit einem Akt des Willens und einer ungemein wirkungsvollen Heilmethode zu tun. Die einzige Voraussetzung ist, daß Sie sich fest verpflichten und entschlossen sind, gesund zu werden.

Jedesmal, wenn Sie Ihre Absichten auf ein bestimmtes Ziel richten, mobilisieren Sie alle körperlichen, geistigen und emotionalen Hilfsquellen und setzen eine Bewegung in die gewünschte Richtung in Gang. Sie beginnen, Ereignisse, Umstände und Menschen anzuziehen, die hilfreich sein könnten. Viele Menschen jedoch hemmen diesen Fluß durch Zweifel und Ängste, lenken ihn ab durch widersprüchliche und ständig wechselnde Absichten oder nutzlose Gedanken wie »Vielleicht soll es sein, daß ich krank bin«.

Ärzte haben oft festgestellt, daß bei schweren Krankheiten einer der wichtigsten, wenn nicht *der* wichtigste Faktor der Wille zu überleben ist, die feste Absicht des Patienten, auf jeden Fall gesund zu werden. Ich möchte hierzu bemerken, daß dasselbe auch für eine einfache Erkältung oder Fußpilz gilt. Wahre Wunder können geschehen, wenn der Wille in dieser Weise eingesetzt wird. Und hierfür ist keine Anstrengung, kein Kampf erforderlich, nur die beharrliche Absicht, gesund zu werden. Nicht der Wunsch – beachten Sie das bitte – sondern die *Absicht,* nicht »Ich möchte gesund werden« oder »Ich hoffe sehr, gesund zu werden«, sondern »Ich werde gesund«.

Verzeihen

Sind Sie überrascht, Verzeihen unter den Heiltechniken aufgeführt zu sehen? Sie wären es zu unrecht. Verzeihen bringt eine Neuordnung unserer Vorstellungen mit sich, die eine ganze Menge Erfahrung verlangt, wenn sie effizient sein soll. Eine erstaunliche Anzahl von Menschen weiß nicht, was Verzeihen wirklich bedeutet und wie es zu bewerkstelligen ist.

Eine Hauptschwierigkeit entsteht aus der Verwechslung von Vergeben und Vergessen. Offensichtlich ist die Redewendung »vergeben und vergessen« in unserer Kultur so tief verwurzelt, daß die beiden Wörter, mit potentiell verheerenden Folgen, beliebig untereinander ausgetauscht werden. Wenn ich jemandem empfehle, denen, die ihn oder sie verletzt haben, zu verzeihen, so bekomme ich oft zur Antwort: »Erwarten Sie von mir, daß ich vergesse, was sie mir angetan haben?« Ich muß dann erklären, daß ich nicht Vergessen, sondern Vergeben erwarte. *Vergeben aber hat nicht das geringste mit Vergessen zu tun!* Es könnte dumm oder sogar gefährlich sein, zu vergessen, was uns jemand angetan hat. Wäre es dann doch unmöglich, aus dem Vorfall zu lernen und dergleichen in Zukunft zu vermeiden oder vorzubeugen. Die meisten Menschen, die zu verzeihen glauben, verdrängen stattdessen die schmerzlichen Empfindungen (die immer an der Schwelle der Erkenntnis stehen und die auch körperliche Schmerzen verursachen können) und versuchen, nicht mehr an die Angelegenheit zu denken (was selten gelingt).

Gehen wir der Herkunft des Wortes »verzeihen« nach, so finden wir, daß »zeihen« ursprünglich die Grundbedeutung »sagen« hatte. Bis ins 18. Jahrhundert gab es die Wendung »sich eines Dinges verzeihen«, was soviel bedeutete wie »es sich versagen« oder »darauf verzichten«. »Etwas verzeihen« heißt »seinen Anspruch auf Genugtuung oder Rache aufgeben«. Mit anderen Worten, wir geben den Gedanken an eine Vergeltung auf, die von uns selbst, von anderen, dem Schicksal oder einem gerechten Gott zu üben wäre. Wird der Wunsch nach Vergeltung aufgegeben, so weicht auch die für gewöhnlich mit diesem Wunsch verbundene chronische Spannung, was zu einer raschen Gesundung führt. Manchmal natürlich müssen wir mehr uns selbst als anderen verzeihen können. Schuldgefühl (das Gefühl, daß wir Bestrafung verdienen) verursacht ebenso viele, wenn nicht mehr Krankheiten als Groll (das Gefühl, daß andere Bestrafung verdienen). Wird der Gedanke an Bestrafung aufgegeben, so schwindet auch der emotionale Druck, die Muskelspannung und die mit diesen Erscheinungen zusammenhängende Krankheit.

Ein zweites großes Problem, das man mit Verzeihen haben kann, ist, zu glauben, es würde genügen, wenn man sagt »Es ist gut, ich vergebe dir«. Doch Vergeben ist nicht Erklärungen abgeben, sondern Tun. Das Tun besteht darin, daß man eine gewohnte Denkweise aufgibt. Es gibt einen sicheren Weg, zu testen, ob man sich selbst oder einem anderen wirklich vergeben hat. Kann man sich in allen Einzelheiten einen Vorfall ins Gedächtnis zurückrufen, der früher Gefühle der Schuld oder des Ärgers auslöste, ohne daß solche Gefühle aufkommen, so hat man verziehen.

Und wie nun wendet man die Heilmethode des Verzeihens an? Es gibt zwei verschiedene Methoden – eine direkte und eine indirekte.

Die direkte Methode besteht darin, umzudenken und die Überzeugung aufzugeben, daß man selbst oder jemand anderes Bestrafung verdient. Sie kann in diesem Sinne auch in den letzten Abschnitt dieses Kapitels (Unmittelbare Glaubensänderung) aufgenommen werden. Doch kann man sie ebenso in der Form anwenden, daß man sich *jedesmal*, wenn ein Gefühl der Schuld oder des Ärgers oder die Erinnerung an solche Gefühle aufkommt, mit Bestimmtheit sagt: »Ich verdiene (bzw. er/sie verdient), hiervon befreit zu sein.« Dann richtet man einen Gedanken/ein Gefühl der Liebe oder des Segens an den betreffenden Menschen. Tun Sie dies auch gegen Ihre augenblickliche Überzeugung, denn Sie versuchen ja gerade, diese Überzeugung zu ändern und Befreiung zu erreichen. Eine meiner Schülerinnen sagte einmal: »Aber ich kann diesem Menschen keine Liebe senden an dem Punkt, an dem ich stehe.« Ich erläuterte, daß es nicht sofort große Liebe zu sein braucht, sondern nur eben genug, um den Prozeß in Gang zu bringen. Nach einigem Feilschen entschied sie, daß sie ohne Schwierigkeit wenigstens eine Sekunde lang eine kleine Menge Liebe, einen » Lichtball« von einem Zentimeter Durchmesser, aussenden könne. Ich sagte ihr, daß dies erfreulich sei, da sie ja bisher überhaupt keine ausgesandt habe, und daß sie die Menge steigern solle, sobald sie es problemlos schaffen könne. Einige Monate später war sie so weit, daß sie eine volle Minute lang einen Ball von fast zwei Meter Durchmesser (in Form von rosafarbenem Licht) aussenden konnte, und sie erfuhr die Wohltat einer vollständigen Befreiung.

Die indirekte Methode ist die Einfachkeit selbst und bietet verschiedene Anwendungsmöglichkeiten. Sie besteht darin, daß man eine Bestrafung vornimmt, die streng genug ist, um der Überzeugung Genüge zu tun, daß Strafe sein muß. Ist dieses Maß an Strafe erreicht, dann ist Vergebung (die Befreiung von der Idee, daß Strafe sein muß) automatisch die Folge. Unglücklicherweise würde die Bestrafung auf physischer Ebene zu Fehden, Blutrache, Tod und Verstümmelung sowie emotionaler Rache in vielerlei Gestalt führen. Die Ergebnisse wären wohl so gut wie immer unbefriedigend. Würde man sich auf diese Weise selbst bestrafen, so könnten Körperverletzungen und -behinderungen oder lange, schwere Krankheit die Folge sein, was ebenfalls keine befriedigende Lösung wäre. Es gibt Menschen, die solche Probleme umgangen haben durch eine Art Ersatzstrafe, »Buße« genannt. Sie kann vom Aufsagen einiger Gebete oder Fasten, über das Tragen eines härenen Hemdes bis zur Selbstverstümmelung reichen. Buße ist jedoch nur wirksam, wenn der Betroffene glaubt, daß sie ausreicht, um die Schuld zu sühnen.

Weit besser ist es, die indirekte Methode in Form einer Imagination anzuwenden. Da der gewohnte Glaube an die Notwendigkeit einer Strafe dem Unbewußten oder dem Aktiven Selbst entspringt, und dieses nicht imstande ist, zwischen einer »wirklichen« und einer überzeugenden »imaginären« Erfahrung zu unterscheiden, kann auch eine gut imaginierte Bestrafung die notwendige Befreiung bringen. Das Gute daran ist, daß man sie sowohl bei sich selbst als auch bei anderen anwenden kann. So können Sie einen mitreißenden, farbigen Tagtraum unter Einsatz aller fünf Sinne erleben, in dem derjenige, gegen den Sie einen Groll hegen, genauso schwer bestraft wird, wie er es Ihrer Meinung nach verdient. Dasselbe können auf sich selbst anwenden, wenn Sie sich von einer Schuld befreien wollen. Nach einem solchen Erlebnis sagen Sie sich: »Das ist erledigt. Er/sie ist (ich bin) genug bestraft. Nun ist Vergebung möglich.« Kommt zu einem späteren Zeitpunkt noch ein nachklingendes Gefühl von Groll beziehungsweise Schuld auf, so erinnern Sie sich an die Bestrafungsszene und sagen sich, daß die Abrechnung stattgefunden hat.

Der Haupteinwand, der gegen die beschriebene Methode vorgebracht wird, kommt von Leuten, die befürchten, daß derartige Gedanken dem anderen Schaden zufügen könnten (der ihrer Meinung nach wohl Bestrafung verdient, doch würden sie nicht im Traum daran denken, diese selbst auszuführen), oder daß sie damit möglicherweise Ähnliches auf sich ziehen würden. Ich muß diesen Leuten sagen, daß sie nicht so gottähnlich sind, daß sie andere mit ein paar Gedanken schädigen könnten. Zum Glück besitzen wir alle einen spirituellen Schutz gegen die Gedanken anderer, sonst wäre dieser Planet schnell entvölkert. Im übrigen sind es nicht einzelne imaginierte Ereignisse, die die Erfahrungen unseres physischen Daseins beeinflussen, sondern wiederholtes und konzentriertes Denken. Eine einzige intensiv imaginierte Bestrafung aber sollte für unsere Zwecke ausreichen. Ich empfehle nicht, solche Sitzungen täglich abzuhalten. Es geht nur darum, unser Aktives Selbst davon zu überzeugen, daß die Erfahrung »real« genug war, um wirksam zu sein, das heißt, daß die Bestrafung ausreichte, um Vergebung zu bewirken. Mit gesundem Menschenverstand angewandt, ist diese Methode harmlos und sehr hilfreich.

Ich möchte ihre Wirkung an einem Beispiel zeigen. Ein Mann, der mich aufsuchte, hatte körperliche Beschwerden, die in Zusammenhang standen mit einem Schuldgefühl wegen einiger, relativ geringfügiger Diebstähle, die er in jüngeren Jahren begangen hatte. Er zeigte Interesse an der indirekten Methode des Verzeihens, und so schufen wir einen sehr detaillierten Tagtraum, in dem er vor Gericht gestellt wurde, (und zwar aus irgendeinem Grunde vor ein Gericht des 19. Jahrhunderts). Eine Amtsperson las die Liste seiner Vergehen vor, und er wurde zu dreißig Peitschenhieben verurteilt. Er wurde an einen Pfahl gebunden, sein Rücken entblößt und die Peitschenhiebe abgezählt. Der Tagtraum war so intensiv, daß der Mann tatsächlich jedesmal zusammenzuckte, wenn er von der imaginären Peitsche getroffen wurde. Nachdem die Bestrafung beendet war, heftete der Amtsdiener eine Bekanntmachung folgenden Inhalts an den Pfahl: »Dieser Mann hat die Strafe bekommen, die er für seine Vergehen verdiente. Ihm ist daher vollständig verziehen, und er ist frei zu gehen.« Der Mann berichtete danach von einem ungeheuren Gefühl der Erleichterung und der überströmenden Zuversicht, daß er nun frei von der Schuld sei, die ihn jahrelang gequält hatte. Das letzte, was ich von ihm hörte, war die Nachricht, daß er ganz gesund geworden ist.

Inspiration durch Lesen

Lesen wir etwas, was uns fesselt, so schalten wir automatisch in einen veränderten Bewußtseinszustand um, der einer Meditation gleicht. In diesem Zustand ist das Aktive Selbst auch für Suggestionen zugänglicher, wie Gefühle bezeugen, die beim Lesen einer besonders ergreifenden Textstelle aufkommen können. Aus diesem Grunde kann Lesen dazu benutzt werden, gesundheitsfördernde neue Ideen in unser Denkmuster zu integrieren.

Wir müssen dies jedoch in der richtigen Weise angehen, wenn es echte Wirkung haben soll. So reicht beispielsweise die einmalige Lektüre eines Buches, so packend es auch sein mag, nicht aus, um eingefahrene Denkmuster zu ändern, wenn die in dem Buch zum Ausdruck gebrachten Ideen stark von unserer gewohnten Art zu denken abweichen. Um den größtmöglichen Effekt zu erzielen, sollten Sie Bücher mit inspirierenden Ideen wählen, an die Sie *glauben möchten,* und Ihr Körperbewußtsein mit diesen Ideen tränken durch die häufige Lektüre von ähnlich gearteten Büchern. Ich möchte nicht so anmaßend sein, Ihre Lektüre für Sie auszuwählen, doch würde ich Bücher empfehlen, die den Nachdruck auf Selbsterkenntnis und die dem Menschen innewohnenden Selbstheilungskräfte legen sowie solche, die Ihnen das Gefühl spirituellen Wachstums geben.

Der Wirkungsgrad Ihrer Lektüre, das heißt das Maß, in dem sie sich in einer Wandlung Ihrer Überzeugungen niederschlägt, erhöht sich, wenn Sie unmittelbar davor eine Entspannungsübung machen wie in Kapitel 3 beschrieben.

Unmittelbare Umprogrammierung

Die direkteste Methode, eine neue Überzeugung zu integrieren (worunter zu verstehen ist, daß wir unser Körperbewußtsein dazu bringen, sie zu akzeptieren und entsprechend zu handeln), besteht darin, sie in einem einzigen, einfachen Satz zu formulieren und diesen in unser Glaubenssystem einzuprogrammieren.

Je grundlegender die Aussage eines solchen Glaubenssatzes ist, desto weitreichender werden seine Auswirkungen sein. Daher muß er mit Sorgfalt gewählt werden, und man sollte sicher sein, daß man mit ihm leben will. Sind Sie beispielsweise ständig oder häufig krank, so könnten Sie sich einen Glaubenssatz wie »Ich bin immer gesund« wünschen. Seien Sie sich jedoch darüber klar, daß dies auch bedeutet, daß Sie alle Vorteile aufgeben, die das Kranksein vielleicht mit sich gebracht hat, wie zum Beispiel Befreiung von Arbeit oder Schule, Umsorgtwerden und Mitgefühl. Vielleicht beginnen Sie lieber mit etwas weniger Grundlegendem, etwas Einfacherem, um Ihr Vertrauen in den Prozeß zu stärken, zum Beispiel mit »Ich bin immun gegen Erkältungen (oder Grippe oder Mückenstiche)«. Diesen Weg habe ich gewählt, mit ausgezeichneten Resultaten. Erst später habe ich mich an die umfassendere Aussage gewagt. Im allgemeinen werden Sie einen Glaubenssatz wählen wollen, der einer augenscheinlichen Tatsache in Ihrem Leben zu widersprechen scheint. Vorbedingung für eine Wandlung ist, daß Sie an die Möglichkeit glauben, Ihre Lebenserfahrung dadurch zu ändern, daß Sie Ihre Überzeugung ändern. Verfahren Sie wie folgt:

1. Entspannen Sie sich körperlich und machen Sie es sich bequem.
2. Rufen Sie sich ins Gedächtnis, daß alle Tatsachen im Leben nichts anderes sind als Urteile über die Realität und daß Sie imstande sind, Ihre Urteile und damit Ihre Realität von nun an zu ändern.
3. Tun Sie so als hätten Sie alles vergessen, was je Ihre Überzeugungen in bezug auf den Gegenstand waren, mit dem Sie sich nun befassen wollen.
4. Wiederholen Sie den neuen Glaubenssatz nicht weniger als fünf und nicht mehr als zehn Minuten lang.
5. Wenn nötig, halten Sie Ihre Konzentration auf den Gegenstand Ihrer Wahl dadurch aufrecht, daß Sie sich mit Hilfe Ihrer Vorstellungskraft die Auswirkungen des neuen Glaubenssatzes ausmalen.

6. Steigern Sie sich in Begeisterung hinein, um Ihrer Programmierung Kraft zu verleihen.
7. Beenden Sie die Sitzung und gehen Sie zu Ihrem normalen Tagesablauf über.

Sie sollten wenigstens einmal pro Tag eine solche Sitzung abhalten und damit auch dann noch fortfahren, wenn Sie eine Wandlung in Ihren Erfahrungen wahrzunehmen beginnen, und zwar so lange bis der neue Glaubenssatz selbst zu einer »Tatsache« in Ihrem Leben geworden ist.

KAPITEL 13

Visuelle Therapie

Die in diesem Kapitel beschriebenen Techniken stützen sich hauptsächlich auf die Imagination, und zwar als Mittel, um Beschwerden zu lindern, die Ursache von gesundheitlichen Problemen aufzuspüren oder auch indirekt Einstellungen und Glaubensmuster zu ändern.

Unmittelbare Substitution durch bildhafte Vorstellungen

Sind Sie mit den Übungen aus Kapitel 2 wohlvertraut oder ist Ihre Vorstellungskraft auch so schon gut entwickelt, so dürfte Ihnen diese Technik ziemlich leicht fallen. Auch der in dem Kapitel über Konzentration beschriebene Reproduktionseffekt findet hier Anwendung. Im Grunde geht es darum, daß Sie ein Gesamt- oder Teilbild von sich selbst schaffen, und zwar ein Bild, nach dem Sie wohl und gesund sind. Es gibt hierfür verschiedene Methoden.

Die einfachste besteht darin, sich dort Gesundheit vorzustellen, wo jetzt Krankheit ist. Nehmen Sie beispielsweise an, Sie hätten einen verletzten Daumen oder ein inneres Organ, das geheilt werden muß. Alles, was Sie zu tun brauchen, ist, sich den betreffenden Teil Ihres Körpers als *bereits geheilt* vorzustellen und sich weiter auf dieses Bild zu konzentrieren, wie auch immer die augenblickliche Verfassung sein mag. Dahinter steht der Gedanke, daß dieses Bild dem Körperbewußtein als Anhaltspunkt dienen und ihm helfen soll, den angestrebten Zustand schneller zu verwirklichen. Leider haben viele Menschen Schwierigkeiten mit dieser Methode angesichts des großen Kontrastes zwischen der Vorstellung und dem Ausgangszustand.

Eine weitere, oft wirksamere Methode ist die – wie ich sie nenne – »Sehen-und-Sein«-Technik. Sie macht sowohl von der bildhaften, als auch von der pantomimischen Imagination Gebrauch. Zunächst machen Sie sich ein geistiges Bild von Ihrer körperlichen Verfassung nach einer vollständigen Genesung. Dann lassen Sie vor sich im Raum ein dreidimensionales Bild von dem Teil Ihres Körpers oder auch dem ganzen Körper (äußerlich oder innerlich) entstehen und versetzen dieses Bild *in* Ihren Körper, wo es mit dem entsprechenden heilungsbedürftigen Teil »koexistiert«. Wiederholen Sie diesen Vorgang fünf bis zehn Minuten lang und mobilisieren Sie dabei alles Wunschdenken, das Sie aufbringen können, damit der Körper das Bild übernimmt und beginnt, neue Zellen nach dem gesunden Vorbild zu bilden. Wenden Sie diese Technik bis zur Genesung mindestens einmal täglich an, und zwar unabhängig von eventuellen sonstigen Behandlungsmethoden.

Eine dritte Methode, die bei äußerlichen Beschwerden Erfolg verspricht, besteht darin, daß man seine Aufmerksamkeit auf einen gesunden Körperteil konzentriert und sie dann rasch dem kranken zuwendet, während man dem Körper suggeriert, den gesunden als Vorbild für die Heilung zu verwenden. Erzeugen Sie Empfindungen der Freude, des Erfolgs und der Dankbarkeit während Sie sich auf den gesunden Körperteil konzentrieren und versuchen Sie, diese Empfindungen aufrechtzuerhalten, wenn Sie sich dem kranken zuwenden. Dieses Vorgehen wird Ihnen wahrscheinlich leichter fallen, wenn Sie als Vorbild die entsprechende Partie auf der anderen Körperseite verwenden können. Es ist eventuell auch zu empfehlen, die kranke Stelle abzudecken. So fällt es Ihnen leichter, sie sich ebenso gesund vorzustellen wie die entsprechende gesunde. Ich selbst habe mit dieser Technik großen Erfolg bei Herpes-Ausschlägen am Mund. Ich schaue in den Spiegel und decke den Ausschlag mit der Hand ab, so daß ich mich auf die gesunde Seite meiner Lippe konzentrieren kann. Natürlich sind die Ergebnisse am besten, wenn man diese Behandlung durchführt, sobald die ersten Anzeichen des Bläschenausschlags auftauchen. Dieser wird oft durch eine unterdrückte Erwiderung auf Kritik ausgelöst, und so baue ich zusätzlich Spannung ab, indem ich gegen meinen Kritiker wettere, in Gedanken und, wenn ich allein bin, auch laut. Sie sollten sich nie verpflichtet fühlen, sich ausschließlich an eine Therapieform zu halten, wenn sich gut mehrere kombiniert verwenden lassen.

Symbolische Handlung

Diese sehr kreative Technik macht Gebrauch von der natürlichen Neigung des Aktiven Selbst, Symbolik sehr wortgetreu aufzufassen und entsprechend darauf zu reagieren. Davon ausgehend, wie sich die Beschwerden anfühlen, macht man sich eine entsprechende bildliche Vorstellung und benutzt diese als Ausgangspunkt für eine Änderung des Zustands. Mit dieser Methode habe ich Leuten geholfen, erstaunliche Resultate zu erzielen. Einige Beispiele werden dies verdeutlichen.

Eine Frau klagte darüber, daß in ihrem beruflichen Wirkungskreis ihr Brustkorb schmerze als sei er unter Druck. Ich bat sie, durch ein Bild auszudrücken, um welche Art von Druck es sich handelte. Sie gab das Bild von Bücherkisten, die auf ihre Brust gestapelt waren. »Nun«, sagte ich, »dann stellen Sie sich vor, ein paar kräftig gebaute Freunde kommen vorbei und heben die Bücherkisten herunter. Wie fühlt es sich nun an?« Sie antwortete, sehr überrascht, der Druck sei verschwunden und sie habe nie zuvor eine so prompte Erleichterung empfunden. Ihr Bild war ein ausnehmend geeignetes, denn wir konnten uns nun vorstellen, wir würden die Kisten öffnen und die Bücher betrachten. Dies gab ihr einen Anhaltspunkt dafür, was den Druck überhaupt verursacht hatte.

Eine andere Frau hatte einen schlimmen Hautausschlag am Gesäß, der von Zeit zu Zeit im Anschluß an bestimmte, besonders emotional geladene Situationen auftrat. Sie hatte gerade einen solchen Ausschlag, als sie mich aufsuchte, und so bat ich sie, in Form eines Bildes auszudrücken wie er sich anfühlte, doch sie sah nur die häßlichen Unebenheiten (die ich übrigens nie zu Gesicht bekam). Zufällig wußte ich, daß ihr Hobby Modellieren war. Ich schlug ihr daher vor, sich vorzustellen, ihr Körper sei eine Tonfigur und sie würde die Unebenheiten glattstreichen. Es war eine Sache von Minuten und der Ausschlag war abgeklungen. Nun beschäftigten wir uns noch etwas mit ihren Glaubensmustern bezüglich Vertrauen und Sicherheit. Heute gehört der Ausschlag der Vergangenheit an.

Meine Frau kam eines Abends todmüde von der Arbeit. Ich schlug ihr vor, sich genau über ihrem Kopf einen leuchtenden Ball von Energie vorzustellen, aus dem ein dickes Stromkabel herabhing, und veranlaßte sie dann, dieses Kabel an eine Steckdose an ihrer rechten Schläfe anzuschließen. Sie fühlte sich in weniger als einer Minute »wieder aufgeladen«.

Diese Beispiele vermitteln den Eindruck, daß man mit dieser Methode sehr rasch zu Ergebnissen kommen kann, und in den meisten Fällen trifft das auch zu. Doch manchmal muß die imaginäre Handlung auch längere Zeit fortgesetzt werden, ehe man von den Beschwerden befreit ist. Ich hatte einmal starke Schmerzen im Arm. Es fühlte sich an, als würde ein Messer hineinfahren. Also zog ich das Messer heraus. Da sich jedoch keine unmittelbare Linderung zeigte, mußte ich das Messer mehrere Male herausziehen, ehe der Schmerz völlig verschwunden war. Ich zog es jeweils heraus, und wenn der Schmerz noch da war, stellte ich mir von neuem das Messer in meinem Arm vor und zog es nochmals heraus. Bei einer anderen Gelegenheit (es war vor Jahren) bekam ich dummerweise eine Grippe. Doch innerhalb von zwei Tagen strotzte ich wieder von Gesundheit. Ich hatte die Zeit im Bett damit verbracht, mir ein Ärzteteam aus der Zukunft vorzustellen, das ein Behandlungsgerät auf meine Brust gerichtet hielt, wobei heilende Strahlung in mich eindrang. Es war das letzte Mal, daß ich Grippe hatte.

Wie Sie aus den Schilderungen erkennen können, kann entweder mit dem Bild gearbeitet werden, das uns durch Schmerzen oder Beschwerden nahegelegt wird, oder aber mit einem selbstersonnenen, das zu der Situation paßt.

Es gibt noch eine andere Art symbolischer Handlung, bei der wir uns vorstellen, daß wir selbst oder andere in Miniaturform in unseren Körper eindringen und dort erforderliche Wiederaufbau- und Reparaturarbeiten aller Art vornehmen. Vor einiger Zeit wurde in den Kinos ein Film gezeigt – ich glaube, er hieß »Phantastische Reise« – in dem ein Ärzteteam in einem Unterseeboot so stark miniaturisiert wurde, daß es in den Blutkreislauf eines Patienten eindringen und zu einer Stelle fahren konnte, wo es ein Blutgerinnsel mit Hilfe von Laserstrahlen auflöste. Etwas in dieser Art könnte einen ausgezeichneten Hintergrund für Ihre eigenen symbolischen Heilbehandlungen liefern. Behalten Sie jedoch im Auge, daß das Ziel die Verminderung von Spannungen und die Heilung ist. Ich erinnere mich an eine Fernsehsendung, in der eine Psychiaterin versuchte, sich selbst mit einer Kombination aus Medizin und Imagination von einer tödlichen Krankheit zu heilen. Sie visualisierte eine Zelle als belagerte Truppe, die von Indianern eingeschlossen und angegriffen wurde, wobei die Indianer die Krankheit repräsentierten. Dann visualisierte sie ein Medikament als Kavallerieeinheit, die zu Hilfe kam und die Indianer vernichtete. Es ist traurig zu sagen, aber der Versuch war ohne Erfolg. Abgesehen davon, daß es sich nur um eine Fernsehstory handelte, möchte ich bemerken, daß die imaginierte Handlung schon von ihrer Art her einer Heilung entgegenwirken würde. Bei einem solchen Fall im wirklichen Leben hätte ich empfohlen, das Medikament als einen überragenden Friedensstifter zu visualisieren, der den Kämpfen durch seine Überzeugungskraft ein Ende macht und eine solche Harmonie zwischen den Indianern und der eingeschlossenen Truppe erreicht, daß sie in Freundschaft auseinandergehen können. Dieses ganze Konzept des Kampfes gegen eine Krankheit verursacht oft nur noch größere Spannungen und neue Probleme.

Traumänderung

Wir haben es hier mit einer ziemlich speziellen Art der Symboltherapie zu tun, die zu einer Gesundung der einer Krankheit zugrundeliegenden Denkweise führen kann. Sie ist hauptsächlich gedacht für die Arbeit an Träumen, in denen ungelöste Konflikte auftauchen, Träume wie sie im Verlauf von Krankheiten aller Art vorkommen können. Hierzu gehören auch Alpträume. Solche Träume sind aller Wahrscheinlichkeit nach symbolische Entsprechungen geistiger und emotionaler Konflikte.

Bei dieser Technik ist es zuerst einmal notwendig, daß man sich an den Traum erinnert. Dann wiederholt man ihn bewußt als Tagtraum, wobei alle Änderungen vorgenommen werden, die geeignet scheinen, ihn zu einem erfolgreichen und befriedigenden Erlebnis zu machen. Ein großer Vorteil dieser Technik ist, daß man nicht bewußt zu erkennen braucht, was die Traumsymbole bedeuten (obwohl dies häufig sowieso deutlich werden wird). Es genügt, daß das Aktive Selbst ihre Bedeutung kennt. Dadurch, daß man den Traum unter anderen Vorzeichen nochmals durchspielt, erkennt man den gegenwärtigen Stand seiner Überzeugungen und Empfindungen an und nimmt notwendige Veränderungen vor. Sind stark verwurzelte Überzeugungen im Spiel, so kann sich dies als schwieriger erweisen als es klingt.

Ich möchte als Beispiel den Fall eines Mädchens erzählen, das in einem Alptraum an Händen und Füßen gefesselt in den Fond einer großen, schwarzen Limousine gestoßen wurde, worauf zwei schwarzgekleidete Muskelmänner mit ihr davonfuhren. Sie fühlte sich in dem Traum hilflos und voll Angst. Ich schlug ihr vor, sie solle sich vorstellen, sie würde die Fesseln zerbrechen, die beiden Männer mit den Köpfen aneinander schlagen, sie aus dem Wagen werfen, sich selbst ans Steuer setzen und abfahren. Es ist offensichtlich, daß eine solche Neuauflage günstige Auswirkungen auf ihren Glauben an die eigenen Fähigkeiten und ihr Sicherheits- und Selbstwertgefühl haben würde. Doch sie brauchte drei Monate bis sie imstande war, diesen Ablauf zu imaginieren! Der Grund ist, daß sogar noch unsere Vorstellungskraft durch unsere Überzeugungen eingeschränkt wird. Meine Anregung eröffnete neue Möglichkeiten für sie, doch es kostete sie erhebliche Anstrengung, davon Gebrauch zu machen. Sie werden vielleicht nicht so große Probleme haben. (Die ihren waren ungewöhnlich.) Auf jeden Fall zögern Sie nicht, Mühe daran zu wenden.

Der innere Garten

Diese Technik ähnelt stark der Traumänderung. Sie unterscheidet sich eigentlich nur dadurch von ihr, daß an bewußt induzierten Vorstellungen gearbeitet wird. Das Thema ist ein Garten nach Ihren Wünschen. Für gewöhnlich wird so vorgegangen, daß man sich einfach wünscht, sich einen Garten vorzustellen, der den eigenen Gemüts- und Geisteszustand repräsentiert, und es dann seinem Aktiven Selbst überläßt, diesen spontan entstehen zu lassen. Wir könnten auch bewußt einen Garten schaffen, der uns gefällt. Auf jeden Fall werden spontane Elemente vorhanden sein, mit denen wir arbeiten können. Dinge, auf die Sie in Ihrem Garten achten sollten und die eventuell verbessert werden müßten, sind Bodenbeschaffenheit, Sauberkeit des Wassers (Ihr Garten braucht eine Wasserversorgung), viel Unkraut, wuchernde Brombeerranken oder sonstige unerwünschte Vegetation, der Zustand eventuell vorhandener Gebäude oder Zäune und Mauern, die Einstellung von Menschen oder Tieren, die sich vielleicht in Ihrem Garten aufhalten oder ihn betreten, und schließlich noch das Wetter. Indem Sie Ihren inneren Garten »in Ordnung bringen«, können Sie symbolisch mentale und emotionale Spannungen aufarbeiten, die mit Ihrem Gesundheitszustand und anderen Lebensumständen in Zusammenhang stehen. Diesen Ihren Garten können Sie von Zeit zu Zeit überprüfen, als Mittel zur Überwachung Ihrer unbewußten Reaktionen auf Ereignisse und Umstände.

Die beiden Kreise

Diese sehr einfache, aber oft außerordentlich wirksame Technik verfolgt den Zweck, den geistigen oder emotionalen Ursprung eines bestimmten gesundheitlichen (oder sonstigen) Problems zu erhellen. Man zeichnet in seiner Vorstellung einen Kreis und setzt in diesen Kreis das Bild der Krankheit oder des Problems, über die/das man Aufschluß haben möchte, wie zum Beispiel Halsschmerzen, ein Geschwür oder anderes mehr. Dann stellt man sich links neben dem Kreis einen zweiten vor und sagt zu sich selbst: »Zeige mir die Ursache.« In dem zweiten Kreis wird sich dann irgendein Bild zeigen oder vielleicht auch Worte, die in direktem Zusammenhang mit dem Problem stehen. Es bleibt jedoch dem bewußten Selbst überlassen, die Verbindung zwischen Bild oder Worten und dem Problem herzustellen. Scheint keinerlei Zusammenhang zu bestehen, so kommt es daher, daß man ihn nicht sehen will. Manchmal könnte die Bedeutung auch eine symbolische sein, die uns entgeht. In einem solchen Fall sagt man einfach: »Zeige es mir auf andere Weise« und läßt ein neues Bild entstehen. Die so gewonnenen Informationen können, wenn nötig, als Grundlage für die Aufarbeitung mit Hilfe anderer Techniken dienen.

Die herabsteigende Sonne

Diese Technik ist eine von zahlreichen Varianten zur Fokussierung heilender Energie auf eine bestimmte Stelle oder auch den ganzen Körper. Sie denken sich zunächst die Sonne als einen Ball von außerordentlich kraftvoller dynamischer Energie, fühlen deutlich das strahlende Licht und die Wärme, die von ihm ausgehen, und schreiben ihm starke Heilungskräfte zu. Dann verkleinern Sie ihn entweder, oder sie formen aus einem Teil der Energie einen Ball von etwa dreißig Zentimeter Durchmesser, der über Ihrem Kopf schwebt. Ganz langsam lassen Sie ihn auf Ihren Kopf und in Ihren Körper sinken, wobei Sie sich seine Kraft und seine heilende Energie vergegenwärtigen, und heilen damit Ihren ganzen Körper oder konzentrieren die heilende Energie auf einen bestimmten Teil Ihres Körpers. Nehmen Sie sich hierfür fünf bis zwanzig Minuten Zeit, je nach Ihrer Konzentrationsfähigkeit. Dann stellen Sie sich vor, daß Sie geheilt sind, sagen dafür Dank und lassen das Licht zur Sonne zurückfließen, bis Sie wieder heilende Energie benötigen.

Farbimagination

Körper, Geist und Emotionen reagieren auf Farben in ganz bestimmter, wenn auch subtiler Weise. Auf imaginierte Farben sprechen Sie sogar noch schneller an. Ich hege den Verdacht, daß dies stark mit der hinter der Imagination stehenden Absicht zu tun hat. Wie dem auch sei, die Farbimagination ist eine sehr brauchbare und effiziente Heilmethode.

Über die Heilwirkung der verschiedenen Farben wurde viel geschrieben, und die Autoren sind sich nicht alle einig. Ich möchte Ihnen im folgenden die Testergebnisse einer einjährigen Studie geben, an der zehn bis fünfzehn Personen beteiligt waren. Es werden nur Wirkungen aufgeführt, über die keine Meinungsverschiedenheiten bestanden.

Rot: hochgradig stärkend und stimulierend, zuweilen bis hin zu sexuellen Empfindungen.

Rosa: auf viel sanftere Weise stimulierend, entspannend und erweiternd.

Orange: sehr kräftigend, besonders in bezug auf die Muskeln, hat die Tendenz zu körperlicher Aktivität anzuregen.

Gelb: allgemein erweiternd, Gefühle der Freude und der Heiterkeit.

Gold: allgemein verjüngend und sehr kräftigend.

Grün: allgemein beruhigend und erweiternd.

Blau: sehr beruhigend, mit starker Tendenz zu Einengung und Fokussierung.

Violett: auf subtilere Weise beruhigend und »schwer zu beschreiben«.

Wir fanden heraus, daß Rosa, Gold und Blau für allgemeine Heilzwecke am leichtesten zu verwenden sind. Rosa scheint am besten zu wirken bei angstbedingten Spannungen, bei Müdigkeit sowie zur Stimulierung von Hormonaktivität und Wiederherstellung. Blau scheint am besten zu wirken bei Spannungen, die auf Ärger zurückzuführen sind, bei Infektionen sowie bei Schwellungen und zur Fiebersenkung. Gold ist eine Farbe für alle Zwecke, zu verwenden, wenn Zweifel darüber besteht, ob Rosa oder Blau angebrachter wäre.

Wie aber verwendet man die Farben? Eine sehr effiziente Weise ist das sogenannte »Farbatmen«. Man stellt sich vor, man sei in eine Wolke der gewünschten Farbe gehüllt und atmet tief ein, so daß die Farbe die Lunge füllt und durch den ganzen Körper oder zu einer bestimmten Stelle im Körper fließt. Meine Frau und ich arbeiteten eines Abends noch spät an einem bestimmten Projekt und wurden allmählich zu schläfrig, um weitermachen zu können. So schlug ich vor, wir sollten beide »Rosa atmen«. Nach einigen Minuten waren wir hellwach und konnten unsere Arbeit zu Ende führen. Viel später, als wir beide im Bett lagen, fragten wir uns, warum wir keinen Schlaf finden konnten, bis mir plötzlich einfiel, daß wir »Rosa geatmet« hatten. Ich schlug daher vor, nun »Blau zu atmen«. Wir schliefen beide mittendrin ein.

Eine weitere, sehr einfache Methode besteht darin, die gewählte Farbe als Licht zu visualisieren, das unmittelbar über der zu heilenden Stelle leuchtet oder in sie eindringt. Das Licht kann hierbei jede beliebige Form annehmen, die wir ihm geben wollen. Es kann ein Ball sein, ein Strahl oder eine sanfte Wolke. Für Heilungen im Innern des Körpers kann es manchmal einfacher sein, sich das Licht zunächst außerhalb des Körpers vorzustellen und es dann da eindringen zu lassen, wo es gebraucht wird.

Heilende Engel

Mir persönlich gefällt der Gedanke an Engel, doch manche ziehen es vor, die bei dieser Heiltechnik imaginierten Gestalten als »Heilbegleiter«, »Heilberater« oder »imaginäre Ärzte« zu bezeichnen. Auf jeden Fall wird spontan oder bewußt ein imaginärer Helfer geschaffen als Personifizierung des Wissens und der Fähigkeit zu heilen, die wir in uns tragen. Auf diese Weise können intuitive Informationen und Kenntnisse verfügbar gemacht werden, die sonst vielleicht durch bewußte Ausgrenzung blockiert wären.

Auch hier gibt es wieder viele verschiedene Verfahrensweisen. Ich will Sie mit zwei einfachen Methoden bekanntmachen, die auf bildhafter beziehungsweise pantomimischer Imagination basieren.

Im ersteren Fall visualisieren Sie einfach einen behaglichen Raum, den Sie einrichten, wie immer Sie wollen. Es kann ein Büro, eine Bibliothek, ein Arbeitszimmer oder eine gemütliche Bude sein. Bringen Sie irgendwo einen Knopf an mit der Beschriftung »Heilberater« oder einer sonstigen, die Ihnen besser zusagt. Drücken Sie den Knopf, die Tür öffnet sich, und Sie sehen, wer hereinkommt. Es kann irgendjemand beliebiges sein – jemand, den Sie kennen, oder jemand, den Sie nie zuvor gesehen haben – doch Sie können sich darauf verlassen, daß er oder sie genau weiß, was Ihnen fehlt und was zu tun ist, um Abhilfe zu schaffen. Sie brauchen nur Fragen zu stellen und die Antworten anzuhören, die Sie vielleicht gern auf einem »wirklichen« Blatt Papier festhalten werden. Es ist auch möglich, daß der/die Eintretende Ihnen aus dem einen oder anderen Grund nicht zusagt. In einem solchen Fall können Sie ihn/sie »aus

Ihren Diensten entlassen« und den Knopf für einen weiteren Versuch drücken. Tritt niemand ein, was selten vorkommt, so werden Sie bewußt ein Bild nach Ihrer Idealvorstellung eines solchen Helfers schaffen müssen. Sie können in Ihrem imaginären Raum auch einen imaginären Behandlungstisch aufstellen und sich an Ort und Stelle behandeln lassen, was sich körperlich sehr gut auswirkt.

Im Falle der pantomimischen Imagination gehen Sie auf etwa dieselbe Art vor, abgesehen davon, daß Sie den Heiler in Ihrer wirklichen Umgebung visualisieren, wie er sich auf einen wirklichen Stuhl setzt und mit Ihnen spricht. Vielleicht stellen Sie sich auch eine Heilbehandlung vor, ganz so als sei er wirklich anwesend. All dies ist weit mehr als eine einfache Imaginationsübung, wie Sie selbst feststellen werden, wenn Sie die Technik einmal beherrschen. Das Wissen, das Ihnen auf diese Weise vermittelt wird, kann in der Praxis von enormem Wert sein, und die Heilbehandlungen werden auf körperlicher Ebene echte Resultate bringen. Sie werden umso effizienter sein, je lebhafter Sie Ihre Vorstellungen gestalten können. Behalten Sie jedoch irgendwo im Hinterkopf, daß diese Erfahrungen Ihre eigenen Schöpfungen sind, daß das auf diese Weise erworbene Wissen und die Heilungen zustandekommen durch Zusammenarbeit mit Ihrem Aktiven Selbst und Ihrem Kreativen Selbst.

KAPITEL 14

Verbale Therapie

Die verbale Therapie legt den Nachdruck auf die Wirkung von Worten auf Geist, Körper und Emotionen. Sie wird meistens in Verbindung mit anderen Therapien angewandt (auch wenn der Therapeut sich dessen nicht immer bewußt ist), doch es gibt eine Reihe von Techniken, bei denen die verbale Therapie das primäre Werkzeug ist.

Es ist eine der ältesten Erkenntnisse der Menschheit, daß Worte Macht haben. Zumindest scheint es so. Schon sehr früh wurde offensichtlich, daß bereits das bloße Aussprechen bestimmter Wörter Veränderungen in Fühlen, Denken, Verhalten, Gesundheitszustand und Geschehen zu bewirken scheint. In vielen Fällen wurde dies einer mysteriösen »magischen« Qualität der Wörter selbst zugeschrieben. So entstanden Traditionen in bezug auf besondere geheime Wörter und Sätze, die demjenigen, der über sie verfügte, große Macht verliehen. Es ging nur darum, sie herauszufinden. Und die Menschen experimentierten; sie suchten, lehrten und beanspruchten alleiniges Wissen um ein weites Spektrum von Zaubersprüchen, -formeln und -gesängen, von Mantras und »magischen Worten«.

Vieles davon scheint Unsinn, und vieles ist auch Unsinn. Dennoch wurden oft eindrucksvolle Resultate erzielt, denn hinter dem Unsinn stehen einige sehr bedeutsame Wahrheiten. Die erste dieser Wahrheiten beinhaltet, daß Worte nicht nur Symbole für Ideen sind, sondern auch Symbole für Absichten sein können. Wie Sie sich aus Kapitel 12 erinnern werden, kommt einer Absicht große Macht zu, wenn Entschlossenheit hinter ihr steht. Absichten können vorhanden sein, ohne daß sie in Worte gefaßt werden, doch Worte dienen dazu, sie zu verstärken und zu bündeln, was wiederum ihre Wirkung vergrößert. Wie Sie ebenfalls wissen, scheinen manche Wörter oder Wortkombinationen eine starke emotionale Wirkung auszuüben, weil sie Assoziationen sehr emotionsgeladener Ideen stimulieren. Es ist

163

nicht so, daß die Wörter oder Worte selbst Macht hätten – denn sie sind nur Symbole – die Macht geht von den Ideen aus, für die sie stehen.

Eine weitere Wahrheit besagt, daß Klang Energie ist, und daß bestimmte Klangkombinationen selbst in Form von Wörtern bestimmte heilsame Wirkungen auf unsere Gefühlswelt und unseren Organismus haben können. Mit diesem kurzgefaßten Hintergrund wollen wir nun zur Diskussion der Techniken übergehen.

Direkter Befehl

Wurden Sie schon einmal kritisiert, weil Sie mit sich selbst redeten? Lernen Sie, über solche Tadler zu lachen. Selbstgespräche sind altehrwürdiger Brauch unter Menschen, die das Bedürfnis haben, sich geistig, körperlich und emotional auf eine bevorstehende Aufgabe vorzubereiten. Man spricht dann davon, daß sie sich »psychisch aufbauen«. Sportler, leitende Angestellte, Dozenten und Politiker wenden diese Methode an, um ihre Energien zu stimulieren und zu fokussieren. Ich habe gehört, daß John F. Kennedy die Gewohnheit hatte, zu sich selbst »weiter, weiter, weiter!« zu sagen, um das enorme Tempo aufrechterhalten zu können, das er sich für seine Arbeit gesetzt hatte, und manch einer sagt »beruhige dich«, wenn er fühlt, daß er drauf und dran ist, seine Geduld zu verlieren. Man tut dies, weil es funktioniert; und der Grund dafür, daß es funktioniert, ist, daß das Körperbewußtsein oft auf eindrucksvolle Weise auf energische Befehle reagiert.

Ich möchte klarstellen, daß ich einen Unterschied mache zwischen Autosuggestion (die im nächsten Abschnitt besprochen werden soll) und einem Befehl, den man sich selbst erteilt. Der direkte Befehl ist keine Suggestion und keine bloße Aussage. Sicher haben auch die letzteren ihre Berechtigung, doch der Prozeß ist ein anderer.

Von einem direkten Befehl, den man sich selbst gibt, erwartet man, daß er auch ausgeführt wird. Genaugenommen gibt man seinem Unterbewußten, seinem Körper oder Teilen seines Körpers Befehle. Man könnte zum Beispiel sagen: »Werde ganz ruhig!« oder »Entspanne diese Muskeln!« oder »Heile dich selbst!« oder »Verringere diesen Druck!« oder »Überwinde diese Infektion!« oder was immer gerade paßt. Man kann zu sich selbst als einem Ganzen sprechen oder auch zu einer Zehe, einem Magen oder einem bestimmten Muskel. Halten Sie sich nicht mit philosophischen Spekulationen darüber auf, ob Ihre Zehe nun wirklich versteht, was Sie sagen. Ihre auf die Zehe gerichtete Aufmerksamkeit lenkt Ihre Energie, und Ihre Absicht wird von Ihrem Aktiven Selbst in eine »Sprache« übersetzt, die Ihre Zehe verstehen kann.

Wie ich bereits sagte, können die Resultate eindrucksvoll sein, doch hege ich den Verdacht, daß diese Methode bei denjenigen am besten wirkt, die irgendwann in ihrem Leben dazu erzogen wurden, Befehlen zu gehorchen, und die über ein angemessenes Selbstwertgefühl verfügen. Sie ist vielleicht nicht so wirksam bei Menschen, die gegen jede Autorität rebellieren, und bei denjenigen, die so wenig Selbstwertgefühl haben, daß sie ihrer Meinung nach nicht wert sind, daß man auf sie hört – was sie dann auch selbst nicht tun.

Autosuggestion

Autosuggestion oder Selbstbeeinflussung ist eine sanftere Methode als der direkte Befehl. Sie besteht darin, daß man Suggestionen, Aussagen oder suggestive Affirmationen so lange wiederholt bis das Körperbewußtsein entsprechend zu handeln beginnt. Es ist im Grunde einfach die Umkehrung eines weitverbreiteten Vorgangs, der vielleicht auch in Ihrem täglichen Leben stattfindet, wenn Sie selbst oder andere Sie in eine Krankheit hineinsuggerieren. Wenn beispielsweise Sie selbst sich häufig als krank, schwach, müde oder anfällig für Krankheiten bezeichnen, so wirkt dies als Selbstsuggestion, die entweder Krankheit verursacht oder die natürliche Selbstheilung behindert. Hören Sie, *ohne innerlich zu widersprechen*, die gesundheitsschädigenden Suggestionen anderer an, so kann dies genauso schlimm, wenn nicht noch schlimmer sein. Nehmen Sie mir nicht übel, wenn ich hierzu eine Geschichte erzähle, die Sie vielleicht schon gehört haben: Einige Schüler eines Psychologiekurses einer

High School beschlossen, an einer Freundin ein Experiment durchzuführen. Der erste von ihnen, der dem Mädchen am Morgen begegnete, sagte ihr, sie sähe aber nicht gut aus, obwohl sie sich nach eigener Aussage wohlfühlte. Der zweite kam hinzu und fragte, ob sie krank sei oder sonst etwas nicht in Ordnung wäre, was sie verneinte. Als noch einige weitere dasselbe äußerten, akzeptierte das arme Mädchen schließlich ihre Suggestionen, wurde tatsächlich krank und mußte nach Hause gehen. Eine mentale »Annullierung« dieser Suggestionen und die Bekräftigung von Gesundheit und Wohlergehen hätte diesen Effekt zunichte gemacht. Normalerweise begegnen wir keiner so intensiven Attacke negativer Suggestionen, doch auch die geringeren, denen wir laufend ausgesetzt sind, reichen aus, um die Methode einer gesunden Selbstsuggestion als nützliches Gegenmittel im Gedächtnis zu behalten.

Die Suggestionen selbst können in Übereinstimmung mit dem, was in dem Kapitel über suggestive Affirmation gesagt wurde, gewählt werden, wobei, wie oben erwähnt, zu beachten ist, daß sie sowohl an bestimmte Teile des Körpers als auch an das ganze Selbst gerichtet werden können.

Reime und »Umfunktionieren« von Liedern

Die Poesie wurde von den Griechen des Altertums als etwas so Besonderes betrachtet, daß sie dafür eine spezielle Göttin hatten. Einer der Gründe dafür war, daß die Poesie, wie sie fanden, direkter und schneller Zugang zur Seele (dem Unbewußten) hat als Prosa oder gewöhnliche Sprache. Aus irgendeinem mysteriösen Grund konnte sie tiefgreifende Wirkung auf das Gefühlsleben ausüben und blieb auch leichter im Gedächtnis haften. In einer ganzen Reihe von Kulturen entdeckten die für das Heilen Zuständigen, daß Heilsuggestionen sehr gute Resultate brachten, wenn sie in die Form gereimter Gesänge gebracht wurden. Zuweilen waren diese Gesänge an Götter und Geister gerichtet, doch auch das Unbewußte des Kranken nahm sie auf und behielt sie in Erinnerung.

Es besteht keine Notwendigkeit, sich auf die Suche nach speziellen heilenden Gesängen aus irgendeinem fernen Land zu machen, denn es sind nicht so sehr die Worte als vielmehr der Rhythmus des Reims, von dem die Wirkung ausgeht. Sie brauchen sich nur einen eigenen Reim heilenden Inhalts auszudenken und werden so zu einer Form der Selbstsuggestion finden, die geeignet ist, tief in Ihr Unbewußtes einzudringen und dort haften zu bleiben. Hier sind zwei, die Ihre Kreativität anregen sollen:

> Mich durchströmt die Lebenskraft,
> die meinem Körper Heilung schafft.

oder

> Da Fühlen und Wollen
> mich mächtig durchdringen,
> wird mir die völlige
> Heilung gelingen.

Selbstverständlich können Sie das Wort »Körper« ersetzen durch die Bezeichnung eines Körperteils, Organs und so weiter.

Nicht nur Reime zeigen die Tendenz in unserem Gedächtnis haften zu bleiben, sondern auch bestimmte Melodien. Manche Firmen wenden eine Menge Geld an die Entwicklung eines »Ohrwurms«, dem sie dann einfach einen Reklametext unterschieben für ein alkoholfreies Getränk ihrer Marke, für Hühnchen oder was immer sie vertreiben. Manche dieser Melodien sind so gut gemacht, daß schon kleine Kinder sie schneller aufnehmen als den Unterrichtsstoff der Schule. Ich würde Ihnen empfehlen, aus dieser Tatsache Nutzen zu ziehen. Sie könnten die »Ohrwurmlyrik« durch Ihre eigenen suggestiven Affirmationen ersetzen und damit eine gesundheitsfördernde Konditionierung in Gang setzen. In diesem Fall braucht sich Ihr Text nicht zu reimen, da ja die Melodie den Rhythmus beisteuert. Ein einfacher Satz wie »Ich werde jetzt gesund« kann mit jeder beliebigen Melodie kombiniert werden, die Ihnen leicht eingeht. Die ständige Wiederholung eines solchen, mit einem Ohrwurm unterlegten einzigen Satzes kann sehr wirkungsvoll sein.

Es gibt noch eine weitere Anwendungsmöglichkeit, die sich nur wenig von der beschriebenen unterscheidet. In diesem Fall machen Sie sich Ihre unbewußte Empfänglichkeit für alle Musik, die Sie hören, zunutze. Sie ersetzen den Text von Liedern, die Sie von Platten, Kassetten, Radio und so weiter hören, durch Ihre Affirmation. Gute Gelegenheit hierfür bietet sich, während Sie im Auto sitzen, irgendwo anstehen oder wann und wo auch immer Musik an Ihr Ohr dringt und Sie Zeit haben.

Der Fünf-Minuten-Fokus

Diese Methode ist der in Kapitel 12 beschriebenen Technik zur Änderung von Glaubensmustern ähnlich, mit dem Unterschied, daß wir beim Fünf-Minuten-Fokus eindeutig vom Reproduktionseffekt der Konzentration Gebrauch machen, indem wir eine Veränderung der körperlichen Verfassung programmieren. Sie machen eine Aussage, die dem gewünschten Zustand entspricht, und sie muß so formuliert sein, als wäre dieser Zustand bereits eine Tatsache. Diese Aussage wiederholen Sie fünf Minuten lang. Sie können sie noch verstärken, wenn Sie sich den neuen Zustand vorstellen und die entsprechende Freude empfinden. Auch bei dieser Methode beginnen Sie die Sitzung damit, sich vor Augen zu halten, daß Sie Ihre eigene Realität selbst schaffen, und so zu tun, als existierte einzig der noch ungeformte gegenwärtige Moment. Sie werden vielleicht versucht sein, die Technik zur Änderung von Glaubensmustern mit der eben beschriebenen in einer Sitzung zusammenzufassen, doch ich empfehle, sie getrennt zu halten. Sie werden so bessere Resultate erzielen.

Klangwiederholung

Manche Leute würden hier von Gesang sprechen, doch ich beschränke diese Bezeichnung lieber auf die Wiederholung von Worten und Sätzen, die in erster Linie den Zweck haben, Informationen in unser Unbewußtes einzuprogrammieren. Für die Wiederholung von Klängen, die die Form erkennbarer Wörter und Sätze und eine Bedeutung haben können, aber nicht müssen, und die eindeutig therapeutische Wirkung haben, möchte ich den Ausdruck »Klangwiederholung« verwenden.

Viele Menschen sind gegenwärtig vertraut mit solchen Klängen in der Form von »Mantras«, die für gewöhnlich mit hinduistischen oder Yoga-Praktiken in Verbindung gebracht werden, obwohl das Konzept auch in vielen anderen religiösen und philosophischen Systemen seinen Platz hat. Im allgemeinen dient die monotone Wiederholung eines Mantras oder Klanges dem Zweck, sich in einen bestimmten meditativen Zustand oder veränderten Bewußtseinszustand zu versetzen, ein Zweck, den sie sehr gut erfüllt. Verschiedene medizinische Studien haben gezeigt, daß eine solche Praktik Streß abbauen und der Gesundheit förderlich sein kann, indem sie einen Zustand körperlicher Entspannung bewirkt. Aus eigener Erfahrung bin ich auch überzeugt, daß richtig gewählte Klänge überdies den biologischen Energiefluß fördern, was noch größeren Gewinn für die Gesundheit bringt.

Es bestehen beträchtliche Meinungsverschiedenheiten darüber, welche Klänge die besten Ergebnisse bringen. Dr. Herbert Benson, der einige der oben erwähnten Studien durchgeführt hat, denkt, daß dem Wort dabei relativ wenig Bedeutung zukommt. Er hat sehr gute Resultate erzielt mit der einfachen Wiederholung des Wortes »One« (= Eins) in Verbindung mit zehn- bis zwanzigminütigem tiefem Atmen in ruhiger Sitzhaltung. Aber es ist sehr gut möglich, daß die Resultate allein durch tiefes Atmen in ruhiger Sitzhaltung ebenso leicht zu erreichen gewesen wären. In der Tat könnte dasselbe auch für einige der religiösen und semireligiösen Praktiken gelten, die Klangwiederholung mit tiefem Atmen und Ruhigstellung des Körpers kombinieren. Der Transzendentalphilosoph J. Krishnamurti hat einmal gesagt, das Wort »Coca-Cola« würde in diesem Zusammenhang ebenso gute Dienste leisten wie jedes andere. Es dient bei diesen Praktiken einfach als Mittel zur Erreichung eines veränderten Bewußtseinszustandes durch Konzentration, wie in Kapitel 4 beschrieben.

Nun ist hieran nichts auszusetzen. Der Prozeß kann sehr förderlich für die Gesundheit sein. Doch das, was ich hier vorschlagen möchte, ist ein bißchen anders. Durch vieles Experimentieren habe ich entdeckt, daß bestimmte Klänge, darunter einige traditionell für Meditationszwecke verwendete, schon von sich aus, das heißt ohne spezielle Atemtechniken und langes Stillsitzen, therapeutische Wirkung haben können. Man kann sie verwenden während man Auto fährt, spazierengeht oder auf irgend etwas wartet, und sogar während man einer einförmigen Tätigkeit nachgeht. Meiner Meinung nach ist die positive Wirkung zu einem großen Teil auf die von diesen Klängen erzeugten Schwingungen zurückzuführen. Sie bewirken eine Muskelentspannung durch Mikromassage und stimulieren auch den Fluß der Bioenergie. Es könnte sein, daß ich mich in bezug auf das *Wie* irre, doch das ist von geringerer Bedeutung als die Tatsache, daß bei vielen Menschen eine Wirkung vorhanden zu sein scheint.

Der meiner Erfahrung nach für diesen Zweck geeignetste Laut, eigentlich eine Kombination von Lauten, kann mit der Schreibweise »AOM« wiedergegeben werden. In der Praxis wäre das in etwa »aaaaa-ooooo-mmmmmmm«, das heißt, das M wird länger angehalten als die beiden anderen Laute. Die Wirkung ist am stärksten, wenn das Ganze langgezogen wird, doch gibt es dafür keine festen Regeln. Um Nutzen davon zu haben, brauchen wir die Lautgruppe nur etwa dreimal zu wiederholen. Die Aussichten auf Erfolg werden selbstverständlich bei längerer Wiederholung größer, doch habe ich festgestellt, daß alles, was über etwa fünf Minuten hinausgeht, keinen nennenswert größeren Effekt hat. Die Lautgruppe kann unhörbar geformt werden, doch glaube ich, daß die Wirkung bei hörbarer Aussprache, selbst wenn sie leise ist, zunimmt. Wenn Sie sich hierzu bequem hinsetzen und die Hände mit nach oben gekehrten Handflächen in den Schoß legen, so kann es sein, daß Sie die Wirkung auf den Bioenergiefluß deutlich spüren. Achten Sie darauf, wie sich Ihre Hände vorher anfühlen. Dann sprechen Sie die Lautgruppe drei- oder viermal aus und richten Ihre Aufmerksamkeit von neuem auf Ihre Hände. Sie könnten jetzt eine verstärkte Empfindung wahrnehmen, eine Art Prickeln. Eine andere Möglichkeit ist, daß Sie Ihre Handflächen einige Zentimeter über eine beliebige Fläche halten und dann die Laute bilden. Die Empfindung kann so sogar noch ausgesprochener sein. Das zeigt, daß Ihre Energien fließen, und das ist gut für Sie.

KAPITEL 15

Emotivationstherapie

Die Emotivationstherapie befaßt sich ganz unmittelbar mit der Freisetzung und Stimulierung des Energieflusses im Körper. Wenn Sie es vorziehen, könnte man sie auch als eine Therapie bezeichnen, deren Hauptzweck die Lösung von Spannungen ist. Doch ist sie in erster Linie eine Therapie zur Symptombekämpfung, womit ich nichts gegen Therapien sagen will, die diesen Zweck verfolgen. Manchmal ist es absolut notwendig, die Symptome zu lindern, damit unser Kopf klar genug wird, um sich mit dem Denken auseinandersetzen zu können, das sie verursacht hat. Und manchmal kommt es sogar vor, daß die Heilung selbsttätig zustande kommt, wenn wir erst einmal die Krankheitssymptome abgeschwächt haben. Wir müssen uns jedoch im klaren darüber sein, daß dies nicht immer der Fall ist, denn Bekämpfung von Symptomen und Heilen sind zwei völlig verschiedene Dinge. Und dies gilt für die in diesem Buch vorgestellten Methoden ebenso wie für die Schulmedizin. Ändert sich das zugrundeliegende Denkmuster nicht (sei es nun automatisch oder nicht), so können auch Symptome nur vorübergehend behoben werden.

Und doch ist Schmerzlinderung ein guter Anfang, und obwohl diese Therapiemöglichkeit im vorliegenden Buch als letzte behandelt wird, ist sie im allgemeinen die erste, mit der ich meine Schüler vertraut mache. Der Hauptgrund dafür ist, daß sie zufällig gleichzeitig die am leichtesten zu vermittelnde und die am einfachsten anzuwendende ist. Ich denke, daß bereits eine weitverbreitete Anwendung der Emotivationstherapie so weitreichende Folgen hätte, daß sie die Ausübung der Medizin in der westlichen Welt vollkommen verändern würde.

Therapeutische Berührung

In Kapitel 3 habe ich über bioenergetische Felder und Ströme gesprochen, und nun möchte ich erläutern, wie Sie diese Informationen in die Praxis umsetzen können.

Bioenergie, die von einem Menschen auf den anderen übertragen wird, ist wahrscheinlich eines der ältesten Mittel, das die Menschheit verwendet hat, um zu heilen. Im Denken der Leute wird es oft mit charismatischen religiösen Gruppen in Verbindung gebracht (wo diese Methode »Handauflegen« genannt wird), mit esoterischen Praktiken wie Yoga oder auch mit besonders begabten »Medien«. Es ist jedoch eine Tatsache, daß *jeder* (auch Sie!) die latente Fähigkeit besitzt, von dieser natürlichen Energie Gebrauch zu machen, und zwar ohne langwierige und komplizierte Schulung. Wie auf allen anderen Gebieten, gilt auch hier: Das Können wächst mit der praktischen Erfahrung. Doch die Methode an sich ist so leicht zu lernen, daß Ihre größte Schwierigkeit darin bestehen wird, diese Tatsache zu akzeptieren. Ich weiß, wie einfach sie ist, denn ich habe sie mir selbst beigebracht und später viele andere innerhalb von wenigen Minuten gelehrt, sie anzuwenden.

Zum Glück gewinnt die Entwicklung dieser angeborenen Fähigkeit zu heilen immer mehr an Popularität und Ansehen. So gehört sie beispielsweise an der Universität von New York zum Programm der Krankenpflegeausbildung und wird auch in anderen Landesteilen immer häufiger an Krankenpflegeschulen unterrichtet. Es könnte sein, daß dieses Heilverfahren eines Tages sogar Bestandteil des Medizinstudiums wird, was ein großer Fortschritt wäre. Es ist jedoch wichtig, daß wir uns klar darüber sind, daß es ebensogut ohne professionellen Hintergrund funktioniert.

Soviel ich weiß, war es Frau Dr. Dolores Krieger, Professorin für Krankenpflege an der Universität von New York, die die Bezeichnung »Therapeutische Berührung« als erste verwendete. Sie ist sehr gut gewählt, bewirkt sie doch, daß die Sache weniger mysteriös klingt, und das ist nur gut. Dennoch ist sie etwas irreführend, da die besten Resultate oft erzielt werden, wenn man die Hände einige Zentimeter über die Hautoberfläche hält, anstatt sie zu berühren. Warum das so ist, bleibt noch zu erörtern.

Die Versuche, zu erklären, was bei der Therapeutischen Berührung wirklich vor sich geht, bewegen sich zwischen einfacher Suggestion (von seiten der größten Skeptiker) und Elektronenübergangsresonanz (von seiten der am stärksten wissenschaftlich Orientierten). Was mich selbst angeht, neige ich zu einer Arbeitshypothese (worunter eine Hypothese zu verstehen ist, mit der man arbeiten kann, obwohl sich vielleicht herausstellen wird, daß sie nicht ganz stimmt). Die meine besagt, daß wir es mit einer bewußten Fokussierung und Intensivierung unseres natürlichen Bioenergiefeldes und -flusses zu tun haben. Der Prozeß beruht darauf, daß Denken und Emotionen in eine bestimmte Richtung gelenkt werden. Selbstverständlich tun manche Menschen genau das unbewußt. Es sind diejenigen, in deren Umgebung man automatisch mehr Frieden, mehr Energie findet. Doch kann die bewußte Anwendung sogar noch wirkungsvoller sein. Und wie wir nicht zu wissen brauchen, wie unsere Muskeln arbeiten, um gehen zu können, brauchen wir auch nicht ganz genau zu verstehen, wie die Therapeutische Berührung wirkt, um sie anzuwenden.

Da sich dieses Buch in erster Linie mit Selbstheilung befaßt, werde ich hier nicht auf alle Möglichkeiten, anderen zu helfen, eingehen. Stattdessen möchte ich beschreiben, wie Sie die Therapeutische Berührung bei sich selbst anwenden können. Diese Möglichkeit wird von vielen Therapeuten übersehen.

Wenn Sie annehmen, daß dieses Heilverfahren einen energiereichen Menschen voraussetzt, der Energie an einen energiearmen abgibt, so werden Sie sich vermutlich fragen, wie es möglich ist, es bei sich selbst anzuwenden, denn schließlich ist davon auszugehen, daß Sie zu diesem Zeitpunkt krank sind oder ein Zuwenig an Energie haben. Wäre Ihre Annahme richtig, so würde dies natürlich keinen Sinn ergeben. Meiner Arbeitshypothese nach, entsteht Krankheit nicht durch einen Mangel an Energie, sondern durch lokale Spannungen, die den Energiefluß hemmen oder blockieren. Ich denke, daß die Wirkung der Therapeutischen Berührung darin besteht, den Energiefluß zu fördern und damit eine Lösung der Spannungen zu begünstigen. Der Körper ist dann imstande, das Werk durch seinen eigenen natürlichen Selbstheilungsprozeß fortzusetzen, der durch die Spannungen blockiert war. Wie immer wir den Vorgang erklären, Tatsache ist, daß wir das Verfahren bei uns selbst anwenden können. Das ist in zahlreichen Fällen bewiesen.

Das geeignetste Werkzeug für die Therapeutische Berührung sind die Hände, insbesondere die Handflächen und die Fingerspitzen. Es sind die Zonen, in denen das bioenergetische Feld normalerweise sehr intensiv ist, und man kann es auf sehr einfache Weise noch intensivieren. Während meiner Studien mit hawaiischen und afrikanischen Heilern beobachtete ich, daß sie ihre Handflächen oft kräftig reiben, bevor sie einen Patienten berühren. Als ich es selbst versuchte, entdeckte ich außer einem Prickeln ein eigenartiges Gefühl leichten Drucks, wenn ich meine Handflächen in einen Abstand von zwanzig bis dreißig Zentimeter voneinander brachte. Weitere Versuche zeigten, daß ich das Gefühl von Druck verstärken konnte, wenn ich mir wünschte und vorstellte, daß »mehr« Energie aus meinen Händen käme. Hielt ich meine Hände einige Zentimenter über die Hautoberfläche anderer, so berichteten sie von Prickeln, Wärmegefühl oder einem Gefühl des Strömens. Und allmählich hatte ich dieselben Empfindungen, wenn ich meine Hände über meine eigene Haut hielt. Was noch eindrucksvoller war, ich fand heraus, daß ich hierdurch viele meiner eigenen Beschwerden lindern konnte, gleichgültig ob es nun äußere oder innere waren. Auf der Grundlage dessen, was ich durch eigene Erfahrung gelernt habe und an andere weitergebe, schlage ich für die Selbstbehandlung folgende Schritte vor:

1. Atmen Sie zwei- oder dreimal tief durch und entspannen Sie Ihre Muskeln oder machen Sie eine der bereits beschriebenen Entspannungsübungen. Dies ist nicht unbedingt Voraussetzung, aber doch sehr hilfreich.
2. Reiben Sie Ihre Handflächen 15 bis 30 Sekunden lang kräftig.
3. Halten Sie Ihre Handflächen in 15 bis 30 Zentimeter Abstand voneinander und stellen Sie sich dazwischen ein immer stärker werdendes Energiefeld vor. Dafür sollten einige Sekunden genügen. Machen Sie sich keine Gedanken darüber, ob Sie es fühlen können oder nicht. Das kommt von selbst.

4. Halten Sie Ihre Hände genau über die zu behandelnde Stelle, und stellen Sie sich vor, daß die Energie an dieser Stelle eindringt und die Beschwerden heilt. Es kann hilfreich sein, sich vorzustellen, daß die Energie eine bestimmte Farbe hat. Bei Beschwerden im Körperinneren stellen Sie sich einfach vor, wie die Energie in den Körper fließt und dort wirkt. Ich selbst halte meine Hände gerne ein wenig gekrümmt und nach innen abgewinkelt, wie um die Energie besser auf die gewünschte Stelle zu konzentrieren. Doch das muß nicht sein. Richten Sie sich einfach danach, wie es sich für Sie am besten anfühlt. Verwenden Sie zusätzlich suggestive Affirmationen, die sich Ihrem Empfinden nach eignen. Haben Sie den Eindruck, daß die Energie nachläßt, so reiben Sie Ihre Hände nochmals und nehmen die Behandlung wieder auf. Sie können dies so lange fortsetzen, wie Sie wollen. Ich selbst wende selten mehr als fünf Minuten hintereinander daran, im allgemeinen sogar weniger. Imagination ist bei dieser Technik ein wichtiger Faktor. Ein weiterer Faktor ist Suggestion, und es ist auch ein wirklicher energetischer Effekt vorhanden.

5. Können Sie die zu behandelnde Stelle mit Ihren Händen nicht erreichen, so bringen Sie diese so nahe, wie Sie ohne Anstrengung können. Stellen Sie sich vor, wie die Energie zu der gewünschten Stelle fließt. Sie wird es tatsächlich tun.

Meridianmassage

Diese Technik ist in gewisser Weise mit der Therapeutischen Berührung verwandt und findet Anwendung als Bestandteil der sogenannten angewandten Kinesiologie, die zunehmend von Chiropraktikern ausgeübt wird. Bei der Meridianmassage werden Hand oder Finger den unsichtbaren Linien entlang über den Körper geführt, die in der chinesischen Akupunktur als »Meridiane« bezeichnet werden. Die Selbstbehandlung nach dieser Methode ist (soviel ich weiß) eine Innovation von mir. Da alle Erläuterungen zu ihrer Wirkungsweise bloße Theorie sind, werde ich sie uns ersparen. Ich möchte nur die Vermutung äußern, daß die Meridianmassage vermutlich den Bioenergiefluß stimuliert.

Da es hier um Selbstbehandlung geht, möchte ich mich auf drei Meridiane beschränken. Die beiden ersten können wir uns als von der Mitte der Brust ausgehende Linien vorstellen, die an der Innenseite des rechten beziehungsweise linken Armes entlang bis zur Kuppe des kleinen Fingers verlaufen. Die dritte Linie ist die senkrechte Mittellinie durch unseren Körper.

Sie können die Meridianmassage mit der Handfläche oder auch mit den Fingerspitzen ausführen. Zur Behandlung der linken Seite streichen Sie mit Ihrer rechten Handfläche beziehungsweise den Fingerspitzen der rechten Hand mit sanfter Bewegung den Meridian entlang bis zu den Fingerspitzen. Wiederholen Sie dies mindestens dreimal. Verfahren Sie mit der rechten Seite ebenso (mit der anderen Hand selbstverständlich). Zur Massage der senkrechten Mittellinie streichen Sie mit einer Hand von der Leistengegend an aufwärts bis über die Stirn hinaus. Bewegen Sie Ihre Hände in diesen Richtungen die Meridiane entlang, so wirkt dies belebend oder stärkend und kann durch Ängste, Depressionen und Müdigkeit entstandene Schmerzen und Spannungen lindern oder beseitigen. Ist eine beruhigende Wirkung wünschenswert, so kann dies durch Meridianmassage in umgekehrter Richtung erreicht werden. Eine besondere Vorbereitung ist nicht erforderlich, obwohl Sie eventuell feststellen werden, daß Sie bessere Resultate erzielen, wenn Sie sich vorher entspannen und Ihre Hände reiben.

Konzentration auf den Schmerz

Schmerzen gehören zu den schlimmsten Begleiterscheinungen einer Krankheit, und so werden Sie mich wahrscheinlich für verrückt erklären, wenn ich Ihnen vorschlage, sich der Schmerzen deutlicher bewußt zu werden. Schmerzen wollen wir doch schließlich loswerden und nicht fördern? Nun ja, das stimmt schon. Doch zum Erstaunlichsten, was mir begegnet ist, gehört, daß Schmerz oft schnell abklingt, wenn wir ihm mehr Aufmerksamkeit schenken. In einer Art und Weise, die ich noch nicht recht verstehe, scheint diese Aufmerksamkeit die Spannung zu lösen, die den Schmerz verursacht. Stoßen wir uns zum Beispiel an einem festen Gegenstand, so scheint es die natürlichste

176

Sache der Welt, daß wir uns von diesem Gegenstand weg bewegen, die schmerzende Stelle halten und versuchen, uns gegen den Schmerz zu sperren. Versuchen Sie stattdessen beim nächsten Mal die Bewegung, die den Zusammenstoß verursachte, unmittelbar danach mindestens ein halbes Dutzend Mal zu wiederholen, ohne den harten Gegenstand wirklich zu berühren. In den meisten Fällen wird der Schmerz dann schnell abnehmen oder verschwinden. Ich weiß, eine solche Handlungsweise widerspricht Ihren natürlichen Impulsen. Versuchen Sie es trotzdem.

In andere Arten von Schmerz sollten Sie sich wirklich hineinversenken und den Schmerz wahrnehmen, anstatt zu versuchen, von ihm loszukommem. Fühlen Sie ihn ganz und gar, als reine Erfahrung, ohne zu urteilen, zu kritisieren oder zu klagen. Oft wird der Schmerz dann in fünf bis zehn Minuten abgenommen haben oder verschwunden sein. Als Alternative könnten Sie ihn vielleicht auch »weganalysieren«. Hierzu gehört, daß Sie sich Fragen zu dem Schmerz stellen und sie beantworten, auch wenn sie noch so wunderlich oder irrelevant scheinen. Die folgenden Fragen können als Anregung dienen. Sie sollten auf jede irgendeine Antwort finden.

- Welche Form hat der Schmerz? (rund, quadratisch, länglich usw.)
- Wie groß ist er? (Länge, Breite und Tiefe in Meter oder Zentimeter)
- Wieviel wiegt er?
- Welche Farbe hat er?
- Wie schnell ist er? (in Kilometer pro Stunde oder Hertz)
- Wie alt ist er?
- Wieviel ist er wert? (in Mark und Pfennig)

Bis Sie mit Ihrer Analyse fertig sind, hat der Schmerz vielleicht aufgehört oder ist zumindest bedeutend schwächer geworden.

Aktivierung

Dies ist ein Nebenprodukt der in Kapitel 3 beschriebenen Methode der emotionalen Aktivierung. Dort stellte ich fest, daß sowohl Zorn als auch Mitgefühl sehr aktivierende und gesunde

Gefühle sein können. Sie können uns nicht nur helfen, Depressionen und Lethargie abzuschütteln, sondern uns auch unter gewissen Umständen wirklich von Krankheitssymptomen befreien und eine wichtige Rolle bei der Heilung spielen. Mitgefühl ist eine Form der Liebe.

Meine Frau, die als Beraterin in Rehabilitationskliniken arbeitet, erzählte mir von einer älteren Dame, die vor lauter Schmerzen bettlägerig war und sich nicht einmal ankleiden und in der Cafeteria essen gehen konnte. So zumindest war die Lage, bis ein attraktiver und beweglicher männlicher Patient aufgenommen wurde, der Gefallen an ihr zu finden schien. Innerhalb von kurzer Zeit war sie imstande, sich selbst anzuziehen und ihre Mahlzeiten mit ihm zusammen im Speiseraum einzunehmen. Die meisten ihrer Symptome hatten sich sehr gebessert oder waren verschwunden.

Es hat den Anschein, daß Mitgefühl oder Liebe leichter von außen stimuliert werden können. Ist hierfür keine Gelegenheit vorhanden, so ist Aktivierung durch Ärger oder Wut eine echte Alternative. Ich plädiere hier nicht für Zorn, den man gegen Mitmenschen oder Dinge richten sollte, sondern für ehrliche und mitreißende Wut auf die Einschränkungen, die die Krankheit uns auferlegt. Diese Art von Wut hat aus Krüppeln Sportler gemacht. Sie kann auch Sie zu einem gesunden, kraftvollen Menschen machen, was immer Ihre augenblickliche Verfassung auch sein mag, denn wenn Ihre Wut auf die Schranken nur groß genug ist, können Sie sie auch durchbrechen. Und dann werden Sie auch die Gedanken loswerden, die sie überhaupt erst verursacht haben. Das könnte natürlich eine nicht ganz leichte Aufgabe sein, denn es ist möglich, daß die Verdrängung von Ärger Teil Ihres Problems ist. Doch wenn Sie nicht irgendeine Möglichkeit finden, Ihre Emotionen in Fluß zu bringen, könnte es sein, daß Sie einfach weiter absinken. Emotionen sind die machtvollste Form von Energie, die es gibt, und daher haben sie auch das größte Heilungspotential.

KAPITEL 16

Kooperatives Heilen

In diesem Buch liegt der Nachdruck in erster Linie auf der Selbstheilung, auf dem, was Sie selbst tun können, um Ihren Gesundheitszustand zu verbessern. Diese Betonung ist notwendig als Gegengewicht zu der weitverbreiteten mechanistischen Annäherung, die eine fast vollständige Abhängigkeit von anderen Menschen und von Mitteln fördert, die die Heilung für uns bewerkstelligen müssen. In unserer Gesellschaft wird Ärzten, Psychiatern, Psychologen, psychischen Heilern und Glaubensheilern, Hypnotherapeuten und anderen der Status von Göttern oder Halbgöttern zuerkannt, wenn es um die Erwartungen geht, die im Hinblick auf die eigene Gesundheit an sie gestellt werden. Ebenso werden Medikamenten, Heilkräutern, Diäten, Körperübungen und Massagen magische Eigenschaften zugeschrieben. Solange sich an dieser Situation nichts ändert, bleibt der Heilungssprozeß eine sehr kostspielige und nur teilweise erfolgreiche Angelegenheit. Solange wir nicht erkennen, *daß eine Heilung einzig und allein von uns selbst ausgehen kann,* werden wir sehr wahrscheinlich auch weiterhin Menschen und Mitteln mehr Macht zuerkennen, als sie verdienen und besitzen. Es sollte klar sein, daß die Bezeichnung »Heiler« eher ehrend als den Tatsachen entsprechend ist. Es wäre richtiger, von »Heilhelfern« zu sprechen.

Wir brauchen Helfer

Die Praxis der Selbstheilung setzt nicht voraus, daß wir Hilfe zurückweisen oder es ablehnen, Hilfe zu suchen. In vielen Fällen wäre das ganz einfach dumm. Doch sehe ich mich häufig genötigt, meine Schüler hieran zu erinnern. Wir alle neigen sehr zu Extremen, wenn wir altes Gedankengut ablegen und uns neuem zuwenden. Wird einem klar, wie abhängig man seine

Gesundheit bisher von anderen gemacht hat, so ist man versucht zu sagen: »Von nun an werde ich auf niemanden mehr angewiesen sein!«

Denken Sie ein wenig darüber nach, so werden Sie erkennen, daß es so etwas wie völlige Unabhängigkeit auf keinem Gebiet geben kann. Für Luft, Nahrung und Wasser sind wir auf die Erde und ihre lebenden Geschöpfe angewiesen, für Güter, Dienstleistungen, Wissen und seelische Erfüllung auf andere Menschen. Nie jedoch ist es eine Abhängigkeit in einer Richtung. Es besteht eine wunderbare gegenseitige Abhängigkeit, eine wunderbare und notwendige Zusammenarbeit, bewußt oder unbewußt, willentlich oder unwillentlich. Wie gut diese Zusammenarbeit funktioniert, hängt davon ab, was wir aus ihr machen.

Insbesondere auf dem Gebiet des Heilens brauchen wir oft Hilfe von Menschen, die nützliches Wissen, Können, Methoden, Energien und Liebe besitzen. Oft können wir auch praktischen Nutzen ziehen aus ergänzenden Hilfsmitteln wie Medikamenten, Diät, Vitaminen, Körperübungen und so weiter. Sie zu gebrauchen ist kein Zeichen von Schwäche. Es ist eher ein Zeichen von Intelligenz, vorausgesetzt wir begreifen, daß diese Menschen und Dinge da sind, nicht um uns zu heilen, sondern um uns bei unserer Heilung Hilfestellung zu geben. Es wird nützlich sein, sich folgenden Hauptgedanken ständig vor Augen zu halten:

Der Zweck des Heilens ist, gesund zu werden
– nicht Beweise für eine Heilmethode zu erbringen.
Wir verwenden, was uns hilft.

In den folgenden Abschnitten möchte ich Ihnen einige Anhaltspunkte dafür geben, wie eine solche Zusammenarbeit in der Praxis aussehen kann.

»Zusammenarbeit« mit Ernährung, Medikamenten, Körperübungen und so weiter

Ich sehe keine Veranlassung zu langen Erörterungen über dieses Thema. Machen Sie Gebrauch von den geistigen Werkzeugen, mit denen umzugehen Sie aus diesem Buch gelernt haben. Suggerieren Sie Ihrem Körper einfach die Wirkung, die Sie jeweils erwarten. Stellen Sie sich die gewünschten Ergebnisse vor. Ich kann Ihnen nicht sagen, was Sie nehmen oder tun sollen, noch wann Sie etwas nehmen oder tun sollen. Hierfür sollten Sie sich den Rat von Fachleuten anhören und dann tun, was Ihrem Gefühl nach richtig für Sie ist. Je unvoreingenommener Sie damit umgehen und je mehr Sie an die Wirkung glauben, desto größer wird sie sein. Ich möchte Ihnen nur raten, nicht automatisch einer »Autorität« zu gehorchen, oder etwas nur deshalb zu tun, weil Sie eventuelle Konsequenzen fürchten für den Fall, daß Sie es unterlassen. Entscheiden Sie, ob das Medikament, die Körperübung oder was auch immer Sie bei Ihrer Selbstheilung unterstützen kann. Und wenn Sie sich für irgend etwas entschieden haben, dann behalten Sie diesen Zweck im Auge, wenn Sie es anwenden.

Zusammenarbeit mit Ärzten

Die folgenden Kommentare beziehen sich auf den Ärztestand im allgemeinen. Es versteht sich von selbst, daß sie dem persönlichen Können und den Vorstellungen einzelner Ärzte nicht Rechnung tragen können.

Zunächst einmal verstehe ich, wenn ich von »Zusammenarbeit« mit Ärzten spreche, darunter nicht den blinden Gehorsam und die fraglose Zustimmung, die so oft darunter verstanden wird. Ich verstehe Zusammenarbeit so, wie sie im Lexikon definiert wird, als ein »Zusammen-handeln oder -arbeiten«. Das bedeutet, daß das, was Sie tun, ebenso wichtig, wenn nicht sogar wichtiger ist als das, was der Arzt tut, da es ja um Ihren Körper geht. Der Heiler sind Sie. Der Arzt ist nur Helfer. Nun möchte ich kurz auf die beiden beiden Arten von Ärzten eingehen, mit denen Sie vermutlich zu tun haben werden. Da sind zum einen die Ärzte für den Körper (Allgemeinmediziner, Chirurgen, Homöopathen, Akupunkturspezialisten und so weiter) und zum anderen die Ärzte für die Psyche (Psychiater, Psychologen, Hypnotherapeuten und so weiter).

Die Ärzte für den Körper sind sehr bewanderte, gründlich ausgebildete Mechanikermeister. Sie wissen eine Menge darüber, wie der Körper als Mechanismus funktioniert, obwohl es auch über diesen Aspekt des Körpers noch vieles gibt, was sie nicht wissen. Viele ihrer Informationen über Krankheit basieren auf Theorie, denn vieles in ihrer Ausbildung stammt vom Studium nicht des lebenden, sondern des toten Menschen. Und in der Regel hat ihre Ausbildung die geistigen und emotionalen Aspekte der Krankheit nicht berücksichtigt, so daß sie ihnen entweder unsicher oder feindlich gegenüberstehen. Außerdem neigen sie dazu, den Nachdruck auf eine besondere Behandlungsmethode zu legen (nämlich die, in die sie viel Zeit, Mühe und Geld investiert haben) und sie als *die* beste anzusehen, während sie andere, was deren Wert betrifft, mit Unbehagen betrachten. Dennoch gibt es Fälle, wo ihr Können ungeheuer wertvoll sein kann. Wann immer ich glaube, die Dienste eines Körpermechanikers zu brauchen, zögere ich nicht, mich an einen solchen zu wenden. Doch bin ich mir dann im klaren darüber, daß ich diese Dienste nur als Hilfe in Anspruch nehme, und daß er nur meinen eigenen Heilungsprozeß unterstützen kann, so groß sein Können auch immer sein mag. Wo es um Ihren Körper geht, bestimmen Sie, und der Arzt ist nur ein von Ihnen bezahlter Experte. Hören Sie ihn an, stellen Sie Fragen zu allem, was Sie nicht verstehen oder womit Sie nicht einig sind, und »ko-operieren« Sie mit jedem Behandlungsplan, indem sie seine Methoden als Ergänzung zu Ihrer eigenen Imaginationsarbeit sehen.

Auch die Ärzte für die Psyche sind im allgemeinen sehr bewandert und gründlich ausgebildet, doch befassen sie sich mit etwas sehr viel weniger Greifbarem, als es der Körper ist, nämlich mit Vorstellungen und Emotionen. Im allgemeinen sind sie sehr gut im Etikettieren von Symptomen, doch sie neigen dazu, zu vergessen, daß ein Etikett keine Erklärung ist. Die meisten von ihnen folgen einer bestimmten »Schule« des Denkens (sind Freudianer, Jungianer, Behavioristen usw.), was bedeutet, daß sie auf bestimmte Methoden größeren Nachdruck legen als auf andere. Sie neigen dazu, eine Linderung oder Heilung eher ihrer Methode zuzuschreiben als dem Menschen. Tatsache ist jedoch, daß niemand je durch eine Methode oder Technik geheilt wurde und ebensowenig durch ein Medikament. Methoden wie Medikamente können nützlich sein, um den Körper in seinem Heilungsprozeß zu unterstützen, doch die Methoden und Medikamente an sich bewirken nichts. Ein guter Arzt für die Psyche ist Meister in den Methoden der Selbsterkenntnis, und für gewöhnlich hat er einen großen Fundus an Allgemeinwissen über Geist und Emotionen und deren Wechselwirkungen mit dem Körper. Sein Wissen ist sehr viel allgemeiner als das des Körperarztes, denn zwei menschliche Körper, die man unmittelbar beobachten kann, haben sehr viel mehr gemein als der nicht unmittelbar zu beobachtende Geistesinhalt von zwei Menschen. Auch wenn man dann noch seine eigenen, persönlichen Überzeugungen und Vorurteile berücksichtigt, kann er dennoch oft gesunde Ratschläge geben für effektive Denkweisen und Bezugssysteme. So kann man seine Dienste in Anspruch nehmen, um Methoden der Selbsterkenntnis zu erlernen oder sich Rat zu holen, wie man seine Gedanken und Emotionen in bessere Bahnen lenken kann. Doch da der Arzt für die Psyche *Ihr* Denken und *Ihre* Gefühle nicht kennt, hören Sie sich am besten an, was er zu sagen hat, und wählen aus seinen Techniken und Ratschlägen aus, was Ihnen Ihrem Gefühl nach am besten hilft. Seien Sie offen genug, um auch einmal einen Versuch zu wagen, der Ihnen nicht absolut falsch vorkommt, doch behalten Sie nur bei, was bei Ihnen gut wirkt.

Zusammenarbeit mit psychischen Heilern

Vielleicht werden Sie eines Tages einen psychischen Heiler, auch Geistheiler genannt, aufsuchen, vielleicht auch nicht. Es gibt auf jeden Fall eine ganze Anzahl guter. Unter »gut« verstehe ich, daß sie ehrlich versuchen, den Menschen zu helfen, und daß ihre Behandlungsmethoden Erfolg haben. Im großen und ganzen werden sie reichliche Reserven an Bioenergie mit Ihnen teilen, um den Heilungsprozeß Ihres Körpers zu unterstützen und Ihnen außerdem entsprechende Suggestionen vermitteln. Die einzige Art herauszufinden, ob ein Heiler »gut« ist, besteht meines Wissens darin, Leute zu befragen, die ihn konsultiert haben, oder hinzugehen und auszuprobieren, wie man auf ihn reagiert. Wie der Arzt kann auch der Heiler befangen sein und glauben, nur seine Methode oder Technik könne Sie kurieren, aber das sollte Sie nicht daran hindern, von der zusätzlichen Energie zu profitieren, die er Ihnen vielleicht geben kann. Auch ein solcher Heiler ist nur ein Experte, dessen Dienste Sie in Anspruch nehmen, um Ihren eigenen Heilungsprozeß zu ergänzen. Je besser Ihre Verbindung mit dem Heiler ist, desto besser werden die Resultate der Behandlung sein. Erwägen Sie einen Versuch, wenn Sie skeptisch sind – Sie könnten eine Überraschung erleben. Haben Sie dagegen Angst, so empfehle ich Ihnen, diese Form von Hilfe nicht in Betracht zu ziehen, bis Sie die Angst überwunden haben, denn sie würde einen möglichen Nutzen verhindern. Entscheiden Sie sich dafür, es mit einem Heiler zu versuchen – als Ergänzung zu Ihren eigenen Bemühungen um eine Heilung –, so machen Sie sich klar, daß es Ihnen freisteht, diese Art der Behandlung mit jeder ärztlichen zu kombinieren, in der Sie sich gerade befinden. Sie schließen sich nicht gegenseitig aus – zumindest die Behandlungsmethoden tun das nicht, auch wenn Ärzte und Heiler nicht allzu gut miteinander auskommen. Doch das ist deren Problem und nicht Ihres. Denken Sie daran: Ihr Ziel ist es, gesund zu werden. Zögern Sie daher nicht, alle verfügbaren Hilfsquellen anzuzapfen. Halten Sie sich jedoch immer vor Augen, daß Sie selbst der hauptsächliche Heiler sind.

Zusammenarbeit mit einem Freund

Gesundheit durch Imagination aufzubauen ist ein persönlicher Prozeß, doch er wird Ihnen sehr viel leichter fallen, wenn ein anderer ihn teilt und unterstützt. Dieser andere kann ein Verwandter oder Bekannter sein, irgend jemand, mit dem Sie häufig zusammen sind. Voraussetzung ist, daß Sie sich einig darüber sind, daß das, was Sie tun, sinnvoll ist. Die gegenseitige Hilfe kann darin bestehen, daß Sie die Übungen zusammen machen, daß Sie einander abwechselnd durch die verschiedenen Übungen führen, daß Sie sich gegenseitig auf die möglichen Techniken und die Bedeutung der einzelnen Körperregionen aufmerksam machen und daß Sie Ihre Bioenergie teilen, wenn beim einen oder anderen Bedarf besteht. Die Gesundheit aufzubauen macht mehr Spaß und ist wirkungsvoller, wenn Sie es mit einem anderen gemeinsam tun können.

Gründung einer Selbsthilfegruppe

Bei weitem die beste Art, die Methoden dieses Buches in die Praxis umzusetzen, besteht darin, sich mit anderen, die ebenfalls lernen wollen, sich selbst zu heilen, und auch bereit sind, anderen zu helfen, zu einer Selbsthilfegruppe zusammenzuschließen. Die vereinten Ideen, Energien und Hilfsquellen und die gegenseitige Stärkung und Ermutigung können wesentliche, sogar aufsehenerregende gesundheitliche Fortschritte in der gesamten Gruppe zuwegebringen. Ich weiß das, denn die Erfahrung mehrerer von mir gebildeter Gruppen hat es bewiesen. Die älteste dieser Selbsthilfegruppen besteht seit sieben Jahren und zählte in dieser Zeit zwischen drei und rund fünfundzwanzig Mitglieder. Ich will nicht behaupten, daß sie allesamt ständig vollkommen gesund sind, doch eine ganze Anzahl von ihnen, die es nie waren, bevor sie zu der Gruppe stießen, sind nun gesund, und auch die übrigen sind es den größten Teil der Zeit. Werden Gruppenmitglieder aus persönlichen Gründen krank, so bekommen sie schnell Unterstützung und Hilfe von den anderen, so daß sie ihre Gesundheit rasch wiederfinden. In der Gruppe sind Erkältungen, Grippe und andere geringfügige Erkrankungen selten, und wenn sie auftauchen schnell überwunden. Die meisten Mitglieder der Gruppe suchen sehr viel seltener einen Arzt auf als früher, weil sie ihn sehr viel seltener brauchen, und einige haben vergessen, wie eine Arztpraxis überhaupt von innen aussieht. Diejenigen, die Unfälle hatten, erholten sich schneller als erwartet, und die ernstlich Kranken (die schon vor ihrer Gruppenzeit krank waren), bekommen alle Unterstützung, die sie nur brauchen können.

Es gibt keine festen Regeln für die Bildung derartiger Selbsthilfegruppen, und so will ich hier nur einige Anregungen geben, die auf meiner eigenen Erfahrung gründen. Das Wichtigste ist der Wunsch, einander zu helfen und gesünder zu werden und zu bleiben.

Organisation der Selbsthilfegruppe

1. Halten Sie es einfach. Das einzige, was Sie wirklich brauchen, ist ein Gruppenleiter oder Organisator, der die Treffen und sonstigen Aktivitäten organisiert und leitet. Sie brauchen sich nicht mit Pöstchen und Komitees zu befassen. Halten Sie die Sache informell und fassen Sie Beschlüsse durch Gruppenkonsens. Arbeiten Sie auf einen Geist der Hilfsbereitschaft hin. Dann werden immer genügend Freiwillige vorhanden sein, die das Notwendige erledigen. In dieser Art von Atmosphäre (man könnte sie eine liebevolle nennen) werden die heilenden Energien frei fließen können.

2. Treffen Sie sich regelmäßig jede Woche, wenn Sie können. Das ist ein »Wiederaufladen«, damit die Gedanken an Gesundheit und Selbstheilung aufrechterhalten bleiben. Können Sie sich nicht wöchentlich treffen, dann wenigstens zweimal im Monat oder, wenn es gar nicht anders geht, einmal. Werden die Treffen noch seltener, wird die Gruppenarbeit ihre Wirkung verlieren.

3. Drei bis sieben Mitglieder ist eine sehr gute Gruppengröße für unsere Zwecke. Wird sie viel größer, so ist ein starker Gruppenleiter sowie eine Reorganisation notwendig. Eine Lösung wäre, die große Gruppe in mehrere kleine aufzuteilen. Dann könnte sich die große Gruppe einmal im Monat und die kleinen jeweils einmal wöchentlich treffen. Eine andere Lösung wäre, daß sich die große Gruppe wöchentlich trifft und die kleinen monatlich oder auch häufiger zu anderen Zeiten. Je größer eine Selbsthilfegruppe wird, desto größer ist das Risiko, daß sie zu einer passiven Zuhörerschaft mit einigen wenigen aktiven Leitern wird. Das kann Vorteile haben, wenn es um die Vermittlung von Wissen geht, aber es ist dann keine Selbsthilfegruppe mehr. Halten Sie daher die wirklichen Selbsthilfegruppen klein. Ist die Zahl der Interessenten groß, so können Sie immer noch allgemeine Treffen von mehreren Gruppen organisieren, die aber daneben ihre eigenen Zusammenkünfte beibehalten sollten.

4. Steht Ihre Gruppe an dem Punkt, die Zahl von sieben Mitgliedern zu überschreiten, und haben Sie darin jemanden mit ein wenig schriftstellerischem Talent, so könnte vielleicht

der Wunsch auftauchen, ein ein- bis zweiseitiges Blatt heraus-
zugeben mit Anregungen und Techniken, einschlägigen
Buchbesprechungen und inspirierenden Zitaten.

5. Solange die Gruppe ganz klein ist, sollten Sie sich nicht mit
Beiträgen oder dergleichen abgeben. Erreichen Sie jedoch
einen Punkt, wo Kosten für Erfrischungen, Mitteilungsblatt
und dergleichen spürbar werden, so lassen Sie die Gruppe
über einen angemessenen Beitrag beschließen, der diese
Kosten deckt.

Aktivitäten bei Gruppentreffen
(Reihenfolge nach Ermessen)

1. Weiterbildung und Erfahrungsaustausch. In der hierfür vor-
gesehenen Zeit werden Ideen und Methoden vorgestellt und
besprochen und persönliche Erfahrungen ausgetauscht. Dieser Teil läßt sich leicht gestalten, indem man eine Passage aus
einem Buch über Selbstheilung vorliest (entweder dem vorliegenden oder einem anderen Buch von Interesse) und
anschließend darüber diskutiert und eventuell erwähnte
Techniken ausprobiert.

2. Heilen. Während dieses Teils des Treffens wird unmittelbar
mit den anwesenden Mitgliedern gearbeitet. Eine Möglichkeit ist Gruppenmeditation. Sie wird von jemandem geleitet,
der jedem Anwesenden für seine Heilung geeignete Suggestionen gibt. Vielleicht möchte die Gruppe auch eine der vielen Heil- oder Meditationskassetten verwenden, die auf dem
Markt sind. Sehr wirksam ist es, wenn sich ein heilungsbe-
dürftiges Mitglied der Gruppe in die Mitte setzt, und die
anderen, wie in Kapitel 15 beschrieben, mit Hilfe ihrer
Hände heilende Energie auf ihn oder sie richten, begleitet
von gedanklichen oder geflüsterten Suggestionen. Sofern
dies gewünscht wird, können alle Mitglieder der Gruppe
nacheinander in der Mitte Platz nehmen. Wer an der Reihe
ist, muß selbstverständlich innerlich an seiner Heilung mitar-
beiten.

3. Gesellschaftlicher Teil. Um einen guten Zusammenhalt
innerhalb der Gruppe aufzubauen, sollte auch Zeit zum Plau-

dern und für gemeinsame Erfrischungen bleiben. Manchmal kommt ein überraschender Teil der Heilung gerade während dieser Zeit auf spontane Weise zustande. Ich empfehle jedoch, den gesellschaftlichen Teil an das Ende des Treffens zu legen, wenn noch andere Aufgaben bewältigt werden sollen.

Sonstige Aktivitäten

Heilen über »heißen Draht«. Ich denke, daß hier eine der wichtigsten Aufgaben der Selbsthilfegruppe liegt. Der »heiße Draht« bedeutet, daß jedes Mitglied ein anderes anrufen kann, wenn es bei seinen Bemühungen um eine Heilung Hilfe, Verstärkung, Ermutigung oder Informationen braucht. Es ist sehr stärkend, zu wissen, daß man sich in Zeiten der Not an jemanden wenden kann. Fühlt sich das angesprochene Mitglied der Gruppe nicht imstande, allein zu helfen, so benachrichtigt es die anderen, die ihrerseits den/die Hilfsbedürftige(n) anrufen oder ein Treffen organisieren. In den meisten Fällen jedoch wird ihm oder ihr mit ermutigendem Zuspruch und ein paar Anregungen geholfen sein.

Als ich an diesem Kapitel arbeitete, rief eine Frau aus unserer Selbsthilfegruppe an, deren Tochter hohes Fieber bekommen hatte, als die Familie gerade Vorbereitungen für eine Ferienreise traf. Wie sie sagte, wollte sie das Mädchen am Nachmittag zum Arzt bringen. Ich fand das eine gute Idee, fragte aber doch, ob irgend etwas geschehen sei, was das Mädchen aus der Fassung gebracht haben könnte und erfuhr, daß es einen heftigen Streit mit seinem Bruder gehabt hatte. So schlug ich der Mutter vor, sie sollte ihre Tochter veranlassen, den Bruder »in Gedanken zu verprügeln«, und mich später wieder anrufen. Die Mutter wußte von dieser Möglichkeit, hatte aber im Augenblick nicht daran gedacht. Nicht lange danach rief sie wieder an und berichtete, daß die Temperatur ihrer Tochter wieder normal sei, und daß das Mädchen wirklich Spaß an der Sache gehabt habe.

Damit bin ich nun am Ende meines Buches angelangt. Ich habe verschiedene Gedanken, Theorien, Erfahrungen und Methoden mit (Ihnen) geteilt, in der Hoffnung, daß wenigstens einige darunter etwas finden werden, was ihnen hilft, gesünder und glücklicher zu werden. So leid es mir tut, ich kann absolut nichts *für* Sie tun – im Sinne von »Ihnen etwas *abnehmen*«. Und das kann auch niemand sonst. Das Anliegen meines Buches ist in den folgenden Zeilen von Lord Byron gut wiedergegeben:

> Worte sind Dinge. Wie Tau
> fällt ein kleiner Tropfen Tinte
> auf den Gedanken,
> und Tausende sinnen nach.
> Oder sind's gar Millionen?

Informationen über Seminare und Workshops des Autors in Europa erhalten Sie vom Verlag.

Ganzheitlich gesund

Gerda Flemming

Die Methode Dorn
Eine sanfte Wirbel- und
Gelenktherapie

160 Seiten, kartoniert
mit 59 Abbildungen
ISBN 3-89901-407-3

Das Buch wendet sich sowohl an Ärzte und Angehörige der heilenden Berufe, als auch an Menschen mit Wirbel- und Gelenkerkrankungen. Gerda Flemming veranschaulicht darin verständlich formuliert und reich bebildert die unterschiedlichen Formen und Auswirkungen von Fehlstellungen der Wirbel und Gelenke sowie eine ganzheitliche, sanfte Methode, diese zu korrigieren und Schmerzen zu beheben.

Die „Methode Dorn" gibt praktische Hinweise zur Therapie und Vorbeugung sowie zur Selbsthilfe bei der wohl häufigsten und unangenehmsten Zivilisationskrankheit unserer Zeit.

AURUM

Bücher, die verändern helfen

Serge King
Begegnung mit dem verborgenen Ich

236 Seiten
kartoniert
ISBN 3-591-08313-5

In allem, was wir tun, werden wir ganz entscheidend von unserem Unterbewußtsein beeinflußt. Sigmund Freud war keineswegs der erste, der das erkannt hat.
Die Huna-Lehre, ein uraltes magisches System, geht davon aus, daß wir uns unsere Realität selbst schaffen, indem wir ein ganz bestimmtes System von Glaubenssätzen und festgefahrenen Meinungen haben, das unsere Aktionen und Reaktionen, Gedanken und Gefühle bestimmt. Wer Zugang zu den verborgenen Aspekten seiner Persönlichkeit hat, wer sie ans Licht des Bewußtseins zu holen vermag, wird besser als andere imstande sein, mit seinen alltäglichen Problemen umzugehen, negative Verhaltensmuster aufzulösen und Ängste zu überwinden.

AURUM

Ganzheitlich gesund

Dr. C. Moerman / R. Breuß
Krebs
Leukämie und andere scheinbar unheilbare Krankheiten mit natürlichen Mitteln heilen
264 Seiten mit 9 s/w-Abb.
kartoniert
ISBN 3-591-08310-0

Die hier vorgestellten unkonventionellen Krebs-Therapien stärken den natürlichen Abwehrmechanismus des Körpers. Bei voller Leistungsfähigkeit des Organismus haben Krebs und andere Krankheiten keine Chance.

Dieses Buch gibt Kranken neuen Mut und zeigt Gesunden, wie sie sich wirksam schützen können. Vor allem aber will es einen weiterführenden Impuls geben in der Auseinandersetzung um die Seuche unserer Zeit, den Krebs.

AURUM